essentials

essentials liefern aktuelles Wissen in konzentrierter Form. Die Essenz dessen, worauf es als „State-of-the-Art" in der gegenwärtigen Fachdiskussion oder in der Praxis ankommt. *essentials* informieren schnell, unkompliziert und verständlich

- als Einführung in ein aktuelles Thema aus Ihrem Fachgebiet
- als Einstieg in ein für Sie noch unbekanntes Themenfeld
- als Einblick, um zum Thema mitreden zu können

Die Bücher in elektronischer und gedruckter Form bringen das Fachwissen von Springerautor*innen kompakt zur Darstellung. Sie sind besonders für die Nutzung als eBook auf Tablet-PCs, eBook-Readern und Smartphones geeignet. *essentials* sind Wissensbausteine aus den Wirtschafts-, Sozial- und Geisteswissenschaften, aus Technik und Naturwissenschaften sowie aus Medizin, Psychologie und Gesundheitsberufen. Von renommierten Autor*innen aller Springer-Verlagsmarken.

Verena Sablotny-Wackershauser

How to get a „Dr." – die ganze Welt der Promotion

Im Gespräch mit Doktoranden, Postdocs und Professoren

 Springer Gabler

Verena Sablotny-Wackershauser
Stuttgart, Deutschland

ISSN 2197-6708 ISSN 2197-6716 (electronic)
essentials
ISBN 978-3-658-38390-9 ISBN 978-3-658-38391-6 (eBook)
https://doi.org/10.1007/978-3-658-38391-6

Die Deutsche Nationalbibliothek verzeichnet diese Publikation in der Deutschen Nationalbibliografie; detaillierte bibliografische Daten sind im Internet über http://dnb.d-nb.de abrufbar.

Planung/Lektorat: Irene Buttkus
Springer Gabler ist ein Imprint der eingetragenen Gesellschaft Springer Fachmedien Wiesbaden GmbH und ist ein Teil von Springer Nature.
Die Anschrift der Gesellschaft ist: Abraham-Lincoln-Str. 46, 65189 Wiesbaden, Germany

Was Sie in diesem *essential* finden können

- Promotionseinblicke aus erster Hand – von Doktoranden, Postdocs und Professoren
- Die Wahrheit über den Doktorandenalltag – unverblümt, doch hoffentlich vergnüglich
- Erfolgsfaktoren und Stolperfallen auf dem Weg zum Doktortitel – einfach erzählt
- Bewältigung statt Überwältigung – Anekdoten und Hilfestellungen zur Promotion

Vorwort

▶ *„Promotion ist ein bisschen wie abnehmen wollen. Du weißt ganz genau, was du dafür tun musst. Du hast nicht immer Bock darauf, doch am Ende bist du zufrieden ... aber dafür musst du es richtig wollen, ackern und schwitzen." (Doktorandin im 3. Jahr, Wirtschaftspolitik)*

Liebe/r Leser/in,
Nur der Gedanke daran eine Doktorarbeit zu verfassen, löst bei vielen Menschen Flucht- und Stressreaktionen aus. Umso mehr freue ich mich, dass du dem Thema Promotion mit Interesse und Neugier begegnest und diesem Buch somit eine einsame Existenz in Staub und Dunkelheit ersparst.

Als Dozentin der Hochschule Harz und Otto-von-Guericke-Universität Magdeburg durfte ich Studierenden begegnen, die zwar keine Ahnung vom Ablauf einer Promotion hatten, aber dennoch Interesse für das etwas skurrile Doktorandenleben zeigten. Überraschenderweise erreichten mich als Doktorandin dabei weniger fachliche als vielmehr grundlegende Fragen zum Promotionsalltag; so bspw. zur Doktorvater-Doktoranden-Beziehung, dem Miteinander unter Wissenschaftlern und den persönlichen Höhen und Tiefen. In der Hoffnung, dass diese Fragen nicht nur dazu dienen sollten, die Vorlesung mit prüfungsirrelevanten Themen zu füllen, entschloss ich mich dazu, diese und weitere Fragen in einem Buch zu adressieren – Für all diejenigen Menschen, in denen ein kleiner Funken Neugier für ein Thema glimmt, das meist durch Unverständnis, Zweifel und Furcht geprägt ist. In diesem Sinne: Ein herzliches Hallo du neugierige/r Leser/in!

Lass uns direkt zu Beginn mit einem ganz grundlegenden Punkt starten: Jede Promotion ist anders. Nicht nur das Themengebiet der Promotion ist entscheidend[1], auch innerhalb eines Fachbereichs gleicht keine Promotion der anderen. Ungeachtet dessen finden sich im Doktorandenalltag Ähnlichkeiten, die über weite Strecken Bestand haben und die Promotionsanwärtern helfen können, sich mental auf das Herannahende einzustellen. Genau hierum soll es in diesem Buch gehen.[2] Die Inhalte dieses Buches fußen insbesondere auf Erfahrungen aus internen Promotionsprozessen. Gleichwohl lässt sich der Großteil der Inhalte auch auf andere Promotionsformate übertragen. Im Gegensatz zu externen Promotionen, denen eine Trennung von Promotion und Arbeitsstelle zugrunde liegt, beinhalten interne Promotionen ein Angestelltenverhältnis in einer Hochschuleinrichtung. Damit findet das alltägliche Leben für interne Doktoranden direkt im Hochschulsystem statt.

Mit den nachfolgenden Kapiteln möchte ich dir nicht nur meine subjektive Meinung und Erfahrung als ehemalige, interne Doktorandin vermitteln. Es soll vielmehr darum gehen, ein möglichst realistisches, allgemeingültiges Bild des Promotionsalltags zu zeichnen. Aus diesem Grund ist dieses Buch nicht (nur) meiner persönlichen Geschichte entsprungen, sondern umfasst Erfahrungen von mehr als 35 weiteren promotionsnahen Personen. In Fragebogen-gestützten Tiefeninterviews haben deutschlandweit interne Doktoranden, Post-Docs[3] und Professoren aus dem Fachbereich Wirtschaftswissenschaften ihre Sichtweise auf die Promotion geschildert, persönliche Erfahrungen geteilt und auf die Besonderheiten des Promotionsprozesses hingewiesen. Dabei erhielt ich u. a. Einblicke aus den Reihen der Otto-von-Guericke-Universität Magdeburg, Hochschule Harz Wernigerode, Georg-August-Universität Göttingen, Martin-Luther-Universität Halle-Wittenberg, Ludwig-Maximilians-Universität München, Universität Bayreuth, der Humboldt-Universität zu Berlin und der Technischen Universität

---

[1] Große Unterschiede gibt es bspw. zwischen Geistes-, Sozial-, Natur-, Rechts- und Wirtschaftswissenschaften.

[2] Zeitgleich möchte ich jeden bereits aktiven Doktoranden dazu einladen, dieses doch sehr überschaubare Buch dazu zu nutzen, im persönlichen Umfeld ein paar Promotionsinsights zu streuen. Vielleicht hilft es ja dabei, die Anzahl irritierter Blicke ein wenig zu reduzieren.

[3] Als Postdoc oder auch Postdoktorand bezeichnet man diejenigen, die ihre Promotion bereits erfolgreich abgeschlossen haben und nun in einem nachfolgenden Schritt ihre Habilitationsschrift als weiteren universitären Bildungsabschluss anstreben. Als einer von mehreren Ausbildungswegen bietet die Habilitation die Grundlage zur Berufung auf eine Professorenstelle.

Tab. 1 Ausgewählte Antworten zur Frage nach einem Promotionsslogan

Welchen Slogan/Titel würdest du deiner Promotionszeit geben?	
„Alice im Wunderland."	„Es kommt anders, wenn man denkt."
„Carpe Diem."	„Hart aber herzlich."
„Nichts ist unmöglich. (Toyota)"	„I did it my way."
„Just do it. (Nike)"	„Be innovative."
„Mein Weg zum Workaholic."	„Don't worry, be happy."
„Interessant – kann man machen."	„Power through."
„I want to believe."	„Früh aufstehen zahlt sich aus."
„Let that shit go."	„In God we trust, all others bring data."
„Es gibt keine einfachen Erfolge und keine endgültigen Misserfolge. (Marcel Proust)"	„Mach es fertig, bevor es dich fertig macht."

Chemnitz. Mit einem riesengroßen Dankeschön an alle Beteiligten (inkl. meinen Probelesern Torben Sablotny und Michael Dietrich sowie dem Springer Gabler Verlag), freue ich mich, dir nun das Endergebnis dieses Prozesses präsentieren zu dürfen. Und so wünsche ich dir viel Spaß beim Kennenlernen der „etwas anderen Welt"! (Tab. 1)

▶ **Ein Hinweis zur Hochschulterminologie**
Die Begriffe „Hochschule", „Hochschuleinrichtung" und „Hochschulsystem" finden in diesem Buch weitläufige Anwendung und umfassen inhaltlich Universitäten wie Fachhochschulen. Mit Verwendung der Terminologie wird der aktuellen Entwicklung hin zu einer Ausweitung des Promotionsrechts auf deutsche Fachhochschulen Beachtung geschenkt. Ungeachtet dessen basiert der Großteil der Buchinhalte auf Erfahrungen aus dem Universitätsumfeld und ist daher entsprechend zu interpretieren.

▶ **Ein Hinweis an die weiblichen Leser**
Um den Lesefluss nicht zu gefährden, verwende ich in diesem Buch vorwiegend die männliche Terminologie. Entsprechend finden sich in diesem Buch Begriffe wie Doktorvater, Doktorand oder Promotionsabsolvent, ohne gesondert auf die weibliche Form der Doktormutter, Doktorandin oder Promotionsabsolventin zu verweisen. Da ich selbst eine Frau bin, hoffe ich, dass dies nicht als Diskriminierung

der weiblichen Natur verstanden wird. Ob männlich, weiblich oder divers, in die Wissenschaft gehört, wer sich für Forschung interessiert. Und kein noch so männlich formuliertes Buch sollte an dieser Überzeugung etwas ändern können.

Verena Sablotny-Wackershauser

Inhaltsverzeichnis

Über die Autorin

Verena Sablotny-Wackershauser Im Anschluss an ihr Studium der Wirtschaftspsychologie (B. Sc.) und der Unternehmensberatung (M.A.) an der Hochschule Harz Wernigerode startete Dr. Verena Sablotny-Wackershauser ihre Promotion am Lehrstuhl Empirische Wirtschaftsforschung an der Otto-von-Guericke-Universität Magdeburg. Als interne Doktorandin arbeitete sie als wissenschaftliche Mitarbeiterin und Dozentin an der Universität und übernahm zudem Lehraufträge für empirische und statistische Methoden an der Hochschule Harz. Die Promotion von Dr. Verena Sablotny-Wackershauser wurde durch das Stipendium der Landesgraduiertenförderung Sachsen-Anhalt finanziell unterstützt. Ihre Doktorarbeit „Preference (In-)Stability – A Matter of Context" wurde ein Jahr nach ihrem Promotionsabschluss mit dem Wernigeröder Wissenschaftspreis ausgezeichnet.

Auch Doktoren haben Freizeit: Wofür Verena's Herz neben der Forschung schlägt: Kunst, insb. Aktmalerei; Latein-Tanz, insb. Salsa, Bachata und Merengue; Extremsport, Musik; Krimis und Thriller; Brett- und Kartenspiele.

Von ersten Dates und langen Partnerschaften – Der Promotionseinstieg

Die Suche nach dem passenden Partner erfuhr mit Entwicklung des Online-Datings eine moderne Revolution. Unter Nutzung komplexer Datenalgorithmen eröffneten Online-Partnervermittlungen wie Elite-Partner, Parship und eDarling die Jagd nach dem „perfekten Match" und erzielten damit allein im Jahr 2021 über 150 Millionen Euro Umsatz – Tendenz steigend (Statista, 2022[1]). Spannend, findest du nicht? Aber was hat das Ganze mit dem Thema Promotion zu tun? Lass mich hierfür ein wenig ausholen.

Du hast sicherlich schon davon gehört, dass jeder Doktorand unter den Fittichen eines Doktorvaters promoviert. Allein die Begrifflichkeit impliziert dabei schon eine seltsame Beziehung die man zu seinem Promotionsbetreuer aufbaut. Wie diese Beziehung im Konkreten aussieht ist für Außenstehende meist nur schwer verständlich und hat interessanterweise weniger mit einem Eltern-Kind-Verhältnis als vielmehr mit einer langjährigen, sehr asymmetrisch-dominierten, Partnerschaft gemein. Stelle dir als Analogie eine Fern-Beziehung vor, in der du dich dazu entschließt, zu deinem Partner zu ziehen. Dieser wohnt jedoch nicht in Deutschland, sodass du mit deinem Umzug nicht nur dein alt-bekanntes Umfeld verlässt, sondern dich zugleich mit einer neuen Kultur und fremden Sprache konfrontiert siehst. Um Fuß zu fassen und dein neues Umfeld zu verstehen, musst du einiges an Kraft und Zeit investieren und bist dabei zu großen Teilen auf die Hilfe deines Partners angewiesen. Dies betrifft nicht nur dein privates, sondern zugleich berufliches Umfeld.

---

[1] https://de.statista.com/prognosen/642353/dating-services-online-umsatz-in-deutschland

V. Sablotny-Wackershauser, *How to get a „Dr." – die ganze Welt der Promotion*, essentials, https://doi.org/10.1007/978-3-658-38391-6_1

Übertragen wir die beschriebene Situation auf den Promotionsalltag, so können wir Doktoranden als diejenigen verstehen, die in die Welt der Forschung und Lehre auswandern. Sie begeben sich in die Hände eines Doktorvaters, für dessen Themenschwerpunkte sie brennen – Oh ja, auch in der Wissenschaft geht es nur um das eine: Leidenschaft! Dabei sind sie in vielerlei Hinsicht abhängig von ihrem Doktorvater wie der Auswanderer von seinem Partner. Um in der Welt der Wissenschaft Fuß zu fassen, fehlt es Neuankömmlingen meist nicht nur am Verständnis der generellen Strukturen und Abläufe, sondern zugleich an thematischer Orientierung, methodischem Knowhow, sowie interner und externer Vernetzung. Ich gebe zu, in so einer neutralen Auflistung klingt das alles halb so wild, aber glaube mir bitte, wenn ich dir sage: Es kann sehr herausfordernd sein in dieser Situation auf einen Promotionsbetreuer angewiesen zu sein, der davon überzeugt ist, seinen Betreuungsauftrag mit Herausgabe des Themas erfüllt zu haben.

Aus dem Interview

- *„Ich sage immer, die Wissenschaft ist eine Welt für sich."* *(Doktorand im 4. Jahr, Wirtschaftswissenschaften)*
- *„Die Verantwortung für die Promotion haben natürlich die wissenschaftlichen Mitarbeiter selbst – das ist schon klar. Nichtsdestotrotz muss man ihnen auch den Weg weisen – ob thematisch, methodisch oder empirisch."* *(Prof. Dr. Sarstedt, Marketing)* ◄

Betrachtet man die konkreten Rollen des Doktorvaters zeigt sich das Abhängigkeitsgefüge der Promotion in seiner ganzen Fülle. Während viele Beziehungen einen steten Kampf darum führen wer die Hosen anhat, besitzt der Doktorvater die unangefochtene Vorherrschaft über den gesamten Kleiderschrank. So bestimmt dieser u. a. über die Form der Betreuung, den zeitlichen Ablauf, die thematische und methodische Ausrichtung der Promotion, den Abgabetermin als auch die Bewertung der Doktorarbeit. Doch damit nicht genug. Mit Blick auf die interne Promotion als die wohl am weitesten verbreitete Form, übernimmt der Doktorvater außerdem die Verantwortlichkeit des direkten Vorgesetzten und schafft so neben der emotionalen und fachlichen, zuletzt auch eine finanzielle Abhängigkeit (Bitte beachte, dass eine Promotion sehr viele Formen und auch Finanzierungsmodelle umfassen kann. Zur Beschreibung und Abgrenzung der verschiedenen Promotionsformen betrachte die Ausführungen in Tab. 1.2 am Ende dieses Kapitels).

An dieser Stelle der Promotionsausführungen sehen sich die Doktoranden üblicherweise einer gemischten Reaktion aus Unverständnis und Mitleid gegenüber und manch Nahestehender wirft die Frage in den Raum: Warum das Ganze? Nun, die Antwort ist so banal wie sie nur sein kann: Aus Liebe – zur Wissenschaft, zum Erkenntnisgewinn, zur Lehre, zur Herausforderung oder aber auch zum Doktortitel selbst. Und auch wenn nicht wenige Frustbiere im Verlauf der Promotion auf das Konto der Doktorväter geht, so sind die meisten von ihnen im Grunde ihres Herzens Menschen, die sich um ein gutes Miteinander bemühen und dabei zumeist einen lockeren Umgang pflegen. Nichtsdestotrotz sollte bei der Suche nach einer Promotionsstelle immer gelten: Augen auf bei der Doktorvaterwahl! Idealerweise angelst du dir gerade hier deinen „perfekten Match".

Aus dem Interview

- „*Die Zusammenarbeit mit Doktorvätern kann schon schwierig sein. Wie kann man das freundlich ausdrücken – das sind manchmal schon besondere Charaktere.*" *(Prof. Dr. Sarstedt, Marketing)*
- „*Ich glaube, ich habe mit meinem Doktorvater sehr viel Glück gehabt. Ich kenne genug Lehrstuhlinhaber, mit denen ich jetzt nicht so klarkommen würde. Aber vielleicht habe ich auch einfach das Stockholm-Syndrom.*" *(Doktorandin im 2. Jahr, Marketing)*
- „*Die Beziehung ist freundschaftlich und zugleich sehr fordernd – und deshalb nicht immer einfach.*" *(Doktorandin im 4. Jahr, Kulturwissenschaften)* ◄

Nun, während wir uns in unserem Privatleben zahlreichen Hilfestellungen gegenübersehen, um möglichst nahe an unseren „perfekten Match" heranzukommen, so scheint dies im Rahmen einer Promotionsbewerbung gar nicht mal so einfach. Es fängt bereits damit an, dass die meisten zwar genau wissen, was ihnen im Privatleben wichtig ist, jedoch wenig darüber sagen können, was für sie im Rahmen der doch meist so nebulösen Promotion relevant ist. Würde es eine Plattform zur Suche von Doktorvätern geben, so würde bei vielen Promotionsanwärtern das „Ich suche"-Feld wohl leer bleiben. Darüber hinaus lässt sich das persönliche Kennenlernen mit dem Doktorvater wohl eher mit einem Speed-Dating als einem ausgiebigen Candle-Light-Dinner vergleichen. Entsprechend macht es Sinn, sich bereits im Vorhinein über sein Gegenüber zu informieren. Kein Wunder also, dass viele Doktoranden bei einem Doktorvater landen, den sie bereits im Zuge studentischer Veranstaltungen kennenlernen durften. Als ebenso wirksame Variante hat sich außerdem die Teilnahme an wissenschaftlichen Fachtagungen herausgestellt, die es Promotionsinteressierten erlaubt, den Doktorvater in freier Wildbahn kennenzulernen. Letzteres stellt insbesondere für diejenigen eine gute Option dar, die eine Promotion an einer studiumsfernen Hochschuleinrichtung anstreben. Neben dem Forschungsschwerpunkt sollte sich jeder Promotions-anwärter bemühen, so viele Vorabinformationen zu sammeln wie möglich: Bspw. zum Promotionsformat und -ablauf, Betreuungs- und Kommunikationsstrukturen, Finanzierungsmöglichkeiten und Erwartungshaltungen seitens des Betreuers. Zuletzt scheint es sinnvoll, sich über die Lebensphase und Ziele des Betreuers klar zu werden. Welche Rolle spielen bspw. Forschungserfolg, wissenschaftliche vs. wirtschaftliche Reputation oder eigene Projekte im Leben des Doktorvaters? Idealerweise decken sich die Zielvorstellungen von Betreuer und Doktorand, sodass das Vorankommen innerhalb der Promotion bei beiden einen hohen Stellenwert einnimmt.

Nachdem du nun einen ersten Einblick in die Besonderheiten der Doktor-vater-Doktoranden-Beziehung erhalten hast, lass uns zuletzt über die zugehörige „Universitätsfamilie" sprechen – den Lehrstuhl. Als direktes Umfeld sorgt der Lehrstuhl mit seinen wissenschaftlichen Mitarbeitern dafür, dass sich die Welt des Doktorvaters kontinuierlich weiterdreht und stürmische Phasen ohne Ver-luste überwunden werden. Zugleich gestaltet der Lehrstuhl zu großen Teilen das Promotionsleben mit und nimmt dabei u. a. Einfluss auf die Motivation, Stabilität und Leidensfähigkeit der Doktoranden. Vor diesem Hintergrund ist es dem direkten Lehrstuhlumfeld möglich, den Verlauf und die Dauer der Promotion sowohl positiv als auch negativ zu beeinflussen. Nicht nur deshalb sollten Promotionsanwärter das direkte Umfeld des Doktorvaters in den persön-lichen Kennenlernprozess einbinden. Denn wer startet schon in eine ernsthafte Beziehung ohne die Familie zu kennen?

Ein Kennenlernen der einzelnen Lehrstuhlmitglieder und Ex-Mitglieder kann aus zweierlei Gründen sinnvoll sein: Einerseits zeichnen die Mitglieder im Zweifel ein ehrlicheres Bild, welche Lehrstuhlverpflichtungen bestehen und wie die Zusammenarbeit zwischen Doktorvater und Doktorand abläuft. Darüber hinaus können Promotionsanwärter einen Einblick in die Lehrstuhlstruktur und die am Lehrstuhl bearbeiteten Projektthemen gewinnen. Dieser Einblick ist besonders wertvoll, zeigt er doch das Potenzial für Gemeinschaftsprojekte auf. Bestehen Schnittstellen zum eigenen Thema können insbesondere Postdocs und Junior-Profs als gewinnbringende Kooperationspartner angesehen werden (siehe Tab. 1.1).

Betrachten wir nun also die Besonderheiten des Promotionseinstiegs, so können bereits wenige vorbereitende Bemühungen den Erfolg der Promotion als auch die Freude am Promotionsprozess positiv beeinflussen. Denn wie in jeder Lebensphase lassen sich mit dem richtigen Partner bestimmte Tiefschläge ver-meiden und Erfolge doppelt genießen!

Tab. 1.1 Kategorisierung von Lehrstuhlmitgliedern im Hinblick auf mögliche Kooperationen

	Doktorväter	Postdocs, Junior-Profs	Doktoranden
Erfahrung	Haben Methodenkenntnisse und kennen idealerweise den Publikationsprozess und die Art und Weise in wissenschaftlichen Diskurs zu treten		Haben bestenfalls erste Methodenkenntnisse
Netzwerk	Besitzen idealerweise ein weitläufiges nationales und internationales Netzwerk	Sind idealerweise derzeit im Netzwerkaufbau	Besitzen üblicherweise noch kein wissenschaftliches Netzwerk
Motivation	Sind bereits am Ende der Karriereleiter	Müssen sich in ihrer Fähigkeit qualitativ hochwertig zu forschen noch beweisen (Verfassen einer Habilitationsschrift/Prüfverfahren im Rahmen einer Zwischenevaluation). Sind in ihrer Hochschul-Tätigkeit meist so stark eingebunden, dass sie im Forschungsbereich auf die Fußarbeit der Doktoranden angewiesen sind.	Müssen sich in ihrer Fähigkeit zum wissenschaftlichen Arbeiten noch beweisen. (Verfassen einer Doktorarbeit). Haben idealerweise genügend Zeit für operative Forschungstätigkeiten.

Tipps & Tricks für den Promotionseinstieg

1. **Augen auf bei der Themenwahl**
   Sei leidenschaftlich, auch nach mehreren Jahren sollte es dir noch möglich sein für dein Thema zu brennen!

2. **Augen auf bei der Doktorvaterwahl**
   Promotionen dauern gerne mal länger als eine Liebesbeziehung. Und Letztere werden nicht in dreifachen Abhängigkeitsverhältnissen gelebt. Erfrage neben dem Promotionsformat (siehe Tab. 1.2), den konkreten Promotionsablauf, die Betreuungsstrukturen, die Finanzierungsmöglichkeiten, Kommunikationsregeln und Erwartungshaltungen seitens des Betreuers und binde dabei auch die bestehenden Lehrstuhlmitglieder mit ein. Versuche im Vorhinein zu verstehen, was deinen Doktorvater

antreibt und was ihn ausmacht! Solltest du dir trotz alledem unverhofft einen Hausdrachen angelacht haben, denke frühzeitig über deine Optionen nach. Manchmal findet man erst mit einer Trennung den Weg zu seinem richtigen Match.

3. **Denke frühzeitig über den Weg zur Promotion nach**
   Versuche schon während deiner Studienzeit Einblicke in die Welt der Forschung und Lehre zu gewinnen, bspw. über Konferenzbesuche oder Nebentätigkeiten als wissenschaftliche Hilfskraft oder Tutor. Bringe dich als Promotionsinteressierter ins Gespräch. So kannst du idealerweise bereits Studienprojekte und Abschlussarbeiten als Grundlagenprojekte für deine Promotion definieren und erste Erfahrungen in der Zusammenarbeit mit deinem Betreuer sammeln.

4. **Betreibe Recherche, um deine Optionen auszuloten**
   Viele Blindstarts sind auf die Auffassung zurückzuführen, man müsse froh darüber sein überhaupt eine Promotionsstelle gefunden zu haben. Auch wenn dies ein naheliegender Gedanke ist, so finden sich bei näherem Hinsehen doch mehr Promotionsmöglichkeiten als meist im ersten Moment angenommen[2]. Doch nur wer tief schürft, findet auch Gold – oder in diesem Fall: Stellenausschreibungen für wissenschaftliche Mitarbeiter!

---

[2]Außer du suchst im Bereich Tourismusmanagement! – Nein, das ist kein Scherz. Denn hierfür finden sich kaum Lehrstühle. Das Feld Tourismusmanagement ist damit das Einhorn unter den Promotionsfeldern im Fachbereich der Wirtschaftswissenschaften.

Tab. 1.2 Überblick über die verschiedenen Promotionsformen, inkl. Vor- und Nachteile

Art der Promotion & Finanzierung	Intern: Promotion & Arbeitsstelle im Hochschulsystem	Arbeitsstelle aus Haushaltsmitteln der Hochschule finanziert: beinhaltet Lehrverpflichtung + Vertragslaufzeit üblicherweise 2-3 Jahre + Synergieeffekte zwischen Lehre und Forschung möglich − Finanzierung/Stundung abhängig von Doktorvater Arbeitsstelle aus Drittmitteln finanziert: beinhaltet Projektarbeit − meist kürzere Vertragslaufzeit als bei Haushaltsmittelstellen + Synergieeffekte zwischen Drittmittelprojekt und Promotion möglich / vertraglich keine Lehrverpflichtung, jedoch in der Praxis häufig unbeachtet Gängige Formate: 50%-, 75%-, 100%-Stellen; In Kombination mit nachweisbarer Zweitfinanzierung (z. B. Stipendium) auch 25%-Stellen möglich
	Extern: Trennung von Promotion & Arbeitsstelle	Arbeitsstelle außerhalb der Hochschuleinrichtung + Finanzielle Unabhängigkeit von Doktorvater + Berufserfahrung außerhalb des Hochschulsystems − Doppelbelastung, wenn Arbeitsstelle nicht promotionsnah − wenig Zeit für die Promotion mündet häufig in Qualitätsprobleme −Schwierigkeit des Zugriffs auf Doktorvater − Schwierigkeit des Zugriffs auf hochschulinterne Infrastruktur − evtl. konfliktäre Erwartungshaltungen der Betreuer (Wirtschaft vs. Wissenschaft)
	Hybrid: Kombination aus externer & interner Promotion	Externe Arbeitsstelle mit Freistellung für interne Promotionsphase + Finanzielle Unabhängigkeit von Doktorvater + Berufserfahrung außerhalb des Hochschulsystems + zeitweise Integration als Doktorand in Hochschulsystem (z. B. 1 Jahr) − stark begrenzte Zeit im Hochschulsystem − Hybridverfahren sehr selten (v. a. im Bereich Beratung) − evtl. konfliktäre Erwartungshaltungen der Betreuer (Wirtschaft vs. Wissenschaft)

(Fortsetzung)

Tab. 1.2 (Fortsetzung)

Art der Doktorarbeit	Kumulative Dissertation	Konglomerat verschiedener Forschungspapiere, die jeweils separate Fragestellungen zum übergeordneten Promotionsthema beantworten; Leistungskriterien: Anzahl Autorenpunkte, Autorenränge, Anzahl Veröffentlichungen, Anzahl Konferenz- und Kolloquienbeiträge, etc. **Empfohlen, wenn wissenschaftliche Laufbahn angestrebt:** Internationale Veröffentlichung von Forschungspapieren = „Non-Plus-Ultra" zur Bewertung der wissenschaftlichen Leistung
	Monografie	Verfassen eines Buches zu einer bestimmten Problemstellung; Insbesondere zielführend, wenn anschließend wirtschaftliche Laufbahn angestrebt (da Praktiker eher auf ein Buch als auf Forschungspapiere zurückgreifen)
Sprache	Englisch vs. Deutsch	Schriftsprache Englisch üblich (und empfohlen, da der wissenschaftliche Diskurs international stattfindet)

Von Geld, Ruhm und Parallelwelten – Die Promotion in der Außen- und Innenperspektive

2

Fragt man Außenstehende zu Ihrem Verständnis eines Doktoranden, so wird häufig das Bild eines Theorie-liebenden, pedantisch-nerdigen Langzeitstudierenden gezeichnet, der doch endlich seinen Absprung in die reale Welt schaffen sollte. Andere wiederum zeichnen mit der Beschreibung eines elitären, ruhmreichen und in-anderen-Sphären-schwebenden Fachexperten ein Bild, das kaum gegensätzlicher sein könnte. So weit verbreitet die Perspektiven dabei auch sind, so treffen sie nur selten die Realität.

Wie viele anderen auch, befinden sich Doktoranden im Zuge eines internen Promotionsprozesses in der Verantwortung einer Arbeitsstelle. Dabei werden sie als rechte und linke Hand des Chefs, Projektmanager, Teamleiter, Analyst, Betreuer, Dozent, Autor oder auch Fachverwaltungsassistenz tätig. Trotz hohem Zeitdruck und einer Vielzahl an Anspruchsgruppen, bietet die Arbeit im Hochschulsystem dabei viele großartige Vorzüge. So bspw. Aufgabenvielfalt, Selbstbestimmung, flexibles Arbeitszeitenmanagement, ein junges, dynamisches Umfeld und die Möglichkeit zur Selbstverwirklichung und Weiterentwicklung. Leider füttert das Wissen über diese Vorzüge ungerechtfertigterweise häufig das beliebte Bild des Langzeitstudierenden, der davor zurückschreckt sich in die Fänge des geregelten Joballtags zu begeben. Um diesem Bild entgegenzuwirken, lass uns an dieser Stelle einmal die wesentlichen Unterschiede zwischen Studium und interner Promotion betrachten (siehe Tab. 2.1).

Aus dem Interview

„Wir wissenschaftlichen Mitarbeiter sind wie die Minions – wir übernehmen auch die ganze Arbeit." (Doktorand im 4. Jahr, Wirtschaftswissenschaften). ◄

V. Sablotny-Wackershauser, *How to get a „Dr." – die ganze Welt der Promotion*, essentials, https://doi.org/10.1007/978-3-658-38391-6_2

Tab. 2.1 Warum die Promotion kein verlängertes Studium ist

	Studium	Interne Promotion
Struktur	Das Studium findet in einer klaren, vorgegebenen Struktur statt. An Vorlesungszeiten fügen sich Prüfungs- und (meist) Ferienzeiten an. Der Entwicklungsprozess ist von der Hochschule geführt und sorgt dafür, dass man zuletzt mit allen Fähigkeiten ausgestattet ist (oder sein sollte), um das Studium erfolgreich abzuschließen	Nach Vergabe des Promotionsthemas und Klärung der Zielkriterien ist die Promotion für die meisten eine „Black Box". Das Ziel ist klar, doch die Frage, die jeder Promotion innewohnt: Wie gelangt man dorthin?
Verantwortung	Studierende haben im ersten Schritt eine Verantwortung gegenüber sich selbst. Zu den wesentlichen Entscheidungen gehören: a) Wie wird das Studium finanziert? b) Vorlesungsteilnahme: Ja oder nein? c) Lernen: Ja oder nein? d) Prüfungsteilnahme: Ja oder nein?	Doktoranden haben eine Verantwortung gegenüber sich selbst, die sie in Einklang mit vielen Anspruchsgruppen bringen müssen. So haben sie im Zuge ihrer Tätigkeit eine Verantwortung gegenüber Betreuern und Vorgesetzten, den Studierenden, der Hochschulverwaltung, externen Finanzgebern und Kooperationspartnern jeglicher Art.
Wahrnehmung des Fortschritts	Mit klarer Struktur ist auch die Überprüfbarkeit des Fortschritts im Studium sichergestellt. Entsprechend kann man seine Bemühungen zielgerichtet anpassen. Wie viele Prüfungen sind … a) bestanden? b) noch nicht geschrieben? c) zu wiederholen?	Bildlich gesprochen kann die Promotion wohl als Albtraum eines jeden Projektleiters beschrieben werden. Übliche Zeit- und Projektmanagementtechniken versagen unter den Rahmenbedingungen der Promotion. Denn wenn du nicht weißt, welche Schritte du in welcher Geschwindigkeit gehen musst, um in gewünschter Zeit dein Ziel zu erreichen – wie evaluierst du deinen bisherigen Weg?

Was folgt nun häufig aus der Diskrepanz zwischen Innen- und Außenperspektive? Lass mich zur besseren Darstellung dessen auf ein Beispiel aus meinem Alltag zurückgreifen – die Phase des Baby-Booms: Innerhalb eines Jahres explodierte in meinem Freundes- und Familienkreis die Anzahl Neugeborener. Ursprüngliche Themen wie die nächste Party, der letzte Beziehungswechsel oder anderer

Klatsch und Tratsch wurden dabei in kürzester Zeit von Geschichten zum letzten Windel-Dilemma, dem ersten Zahn oder direkt von Kindergeschrei abgelöst. In gemeinschaftlichen Abendrunden konnte ich als kinderloser Wissenschaftsnerd irgendwann nicht mehr folgen – was hatte es nur mit diesen ominösen Entwicklungssprüngen auf sich? Langsam dämmerte mir, welche Anstrengungen meine Mitmenschen wohl unternehmen mussten, um meine Welt der Promotion nachzuvollziehen – hatte ich doch als Außenstehender schon Schwierigkeiten, die gängigen Herausforderungen eines Familienlebens zu verstehen. Doch nicht nur mir eröffnete die Baby-Boom-Phase die Möglichkeit, die Situation meines Gegenübers nachzufühlen. So erlebte ich bei Aussagen wie *„Also mit eurem Kind habt ihr ja wirklich Glück gehabt."* oder *„Ich kenne andere Eltern, die haben es sehr viel schwerer"* dasselbe Maß an Frust und Empörung in den Augen der von Schlaflosigkeit gebeutelten Eltern, das auch ich empfand, wenn ich als „nicht richtig arbeitender" Langzeitstudierender abgehandelt wurde. Denn gerade in Zeiten größter Anstrengungen sehnt man sich doch nach einem Verständnis darüber, welche Leistungen und Opfer erbracht werden.

Aus dem Interview

- *„Von meiner Großmutter höre ich immer die Frage, wann ich denn mal richtig arbeiten werde. Für sie bin ich, solange ich an der Universität bin, ein Student – also ein Schüler. Sie fragt deswegen auch gerne, wann ich mit der Schule fertig werde."* (Doktorand im 6. Jahr, Finanzierung und Banken)
- *„Nett ist auch immer noch die Frage: Wann hast du denn jetzt Semesterferien?"* (Doktorandin im 3. Jahr, Marketing) ◀

Betrachten wir in einem nächsten Schritt nun die verschiedenen Perspektiven auf „die Zeit nach der Promotion". So wenig glamourös der Status des Doktoranden während der Promotion von Außenstehenden auch häufig beschrieben wird, so finden diese überraschend viele positive Assoziationen sobald der Promotionsabschluss erfolgt ist. So wird Trägern eines Doktortitels meist sehr viel Kompetenz und Wissen zugeschrieben und deren Job- und Gehaltsaussichten werden als überdurchschnittlich rosig erachtet. Selbst diejenigen, die den Doktortitel nicht mit dem Fachgebiet der Wirtschaftswissenschaften in Verbindung bringen, zeichnen immerhin das Bild eines renommierten, lebensrettenden Arztes. Und obwohl das Verständnis zu den Promotionsinhalten meist unklar ist, so wird der Doktortitel doch gerne als Gütesiegel derjenigen verstanden, die zu Höherem bestimmt sind.

Aus dem Interview

„Als ich meinem Umfeld erzählt habe, dass ich eine Doktorarbeit schreibe,
wurde ich gefragt, ob ich dann auch im Krankenhaus arbeiten werde."
(Doktorand im 2. Jahr, Betriebswirtschaftslehre). ◄

Zugegeben, als Träger eines Doktortitels klingen diese Assoziationen wie Musik
in meinen Ohren! Nichtsdestotrotz sind Millionenverdienste und die sichere
Jobperspektive nur wenig gute Ratgeber, wenn es darum geht sich für eine
Promotion zu entscheiden. Denn für viele hinkt der Promotionsabsolvent als
gealterter Fachexperte ohne Berufserfahrung den bereits langjährig im Berufsall-
tag tätigen Ex-Kommilitonen hinterher. Ebenso zahlt sich der Doktortitel meist
nur in bestimmten Gebieten aus[1]. So tummeln sich viele Promotionsabsolventen
in ähnlichen Bereichen wie bspw. der Beratung oder einer vorstandsnahen
Management-Position. So reizvoll diese Positionen dabei meist sind, bilden diese
doch nur einen Ausschnitt der Möglichkeiten ab, denen sich ein studierter Mit-
Zwanziger üblicherweise gegenübersieht. Entsprechend gilt es, sich im Vorhinein
zu informieren, inwiefern ein Doktortitel wirklich förderlich für die berufliche
Entwicklung sein kann (mehr dazu in Kap. 7).

Aus dem Interview

- *„Ich denke, es ist eine Zeitverschwendung, 4-6 Jahre deines Lebens in*
  etwas zu investieren, das dir keinen Spaß macht und in der Zukunft nichts
  für dich tun wird." (Post-Doc im Bereich Betriebswirtschaftslehre)
- *„Einer meiner Mitarbeiter hat mir mal gesagt: ‚Ich verdiene im ersten*
  Jahr so viel wie Sie – plus Bonus. Also wieso sollte ich noch hierbleiben?'"
  (Prof. Dr. Reichling, Finanzierung und Banken) ◄

Zuletzt sollten die Motivatoren für eine Promotion über die häufig assoziierten
Anreize „Macht und Geld" hinausgehen. Aus der Erfahrung vieler meiner
Befragten zählen zu den erfolgversprechendsten Motivatoren: Neugierde,
Forschungsinteresse, Freude am Erkenntnisgewinn und der persönlichen Weiter-
entwicklung, Freude an Betreuung und Lehre, und allen voran der Wunsch nach

---

[1]Mit Blick auf die Jahres-Bruttogehälter insbesondere in den Bereichen Pharmazie,
Controlling und IT-Beratung (Statista, 2018, Datenbasis 5888 Angaben auf Gehalt.de,
Fach-/Führungskräfte mit < 3 Jahren Berufserfahrung).

einer wissenschaftlichen Karriere. Aus diesen Gründen heraus eine Promotion zu beginnen erhöht nicht nur die Wahrscheinlichkeit eines erfolgreichen Abschlusses, sondern zugleich die Freude über den gesamten Promotionsprozess.

Aus dem Interview

- *„Du musst neugierig sein. Wenn du an einem Stein vorbeiläufst, dann muss es dir in den Fingern jucken, mal drunter schauen zu wollen."* (Doktorandin im 3. Jahr, Wirtschaftspolitik)
- *„Wer Bildung der Bildung wegen mag, wird in der Regel die Promotion sehr schätzen. Wer Bildung als Sprungbrett zu Macht und Reichtum sieht, wird bei der Promotion in der Regel kein Vergnügen haben und danach stark enttäuscht sein. Wer mit der Promotion Karrierestufen überspringen möchte, irrt sich in der Regel, denn die Arbeitswelt honoriert jedes Jahr im Beruf mit einem größeren Einkommenssprung als jedes Jahr in der Promotion."* (Prof. Dr. Abdolkarim Sadrieh, E-Business)
- *„Letztlich muss man Spaß am Forschen haben. Die Promotion wird häufig glorifiziert. Im Grunde kann man es auch pragmatisch sehen: ein Handwerksmeister im Stahlbau macht auch nur Sinn, wenn man Freude am Stahlbau hat."* (Prof. Dr. Eichfelder, Betriebswirtschaftliche Steuerlehre) ◀

Lass uns nun zum Ende mit ein paar weit verbreiteten Annahmen über die Promotion aufräumen (siehe Tab. 2.2).

Tab. 2.2 Verbreitete Promotionsannahmen vs. Realität

Verbreitete Annahmen	Realität
Die Promotion dauert 1–2 Jahre.	Multipliziert mit 3 kommt es hin.
Die Promotion ist wie ein Studium.	Einfach nein.
Mit Doktortitel verdient man mehr.	Die große Frage ist: Mehr als wer?
Mit Doktortitel hat man bessere Job-Aussichten.	Qualitativ – möglicherweise Quantitativ – nur in der Wissenschaft
Nach der Promotion kann man Professor werden.	Die Promotion ist eine notwendige, aber nicht hinreichende Voraussetzung. Nach Abschluss der Promotion kann der Weg über mehrere Jahre Wirtschaftserfahrung in die Fachhochschul-Professur münden, oder über eine zweite, „promotionsähnliche" Phase (Post-Doc, Junior-Professur) in die Universitäts-Professur (für mehr Details, siehe Kap. 7)

Tipps & Tricks für den Umgang mit unterschiedlichen Perspektiven

1. **Störe dich nicht am Bild des „immerwährenden Studierenden"**

   Trage es mit Fassung und freue dich innerlich auf „die Zeit danach".
   Nimm die Vorteile der Promotion bewusst wahr und nutze sie so
   gut du kannst. Umso leichter wird es dir fallen den Vorwurf des
   Langzeitstudierenden für dich als einen Ausdruck des Neides zu
   definieren.

2. **Finde einfache, prägnante Erklärungen und Überzeugungen für
   das, was du tust**

   Bei nur wenig nachvollziehbaren Themen ist die Aufmerksamkeits-
   spanne von Zuhörern meist mit der eines Goldfisches vergleichbar.
   Komme daher auf den Punkt, verfange dich nicht in Details, finde einfache Worte für das „große Ganze" und das „Warum und Wozu". Finde
   für deine Problematiken Beispiele aus der Welt deiner Mitmenschen.
   Deine Mitmenschen werden es dir danken!

3. **Hinterfrage deine Motivation**

   Mache dir klar, was dich an einer Promotion reizt und inwiefern sie dich
   auf deinem Weg weiterbringen kann. Eigne dir ein Verständnis darüber
   an, wie wissenschaftliche und wirtschaftliche Karrierewege aussehen
   können. Lass dein Herz und Bauchgefühl bei der Entscheidung nicht
   außen vor: Spüre in dich hinein. Bei jeder Entscheidung solltest du
   Freude auf das Nächstkommende entwickeln können! Eine reine Kopf-
   entscheidung aufgrund strategischer Gründe wird dir die Promotion im
   Zweifel vergelten.

Von Gleichgesinnten und dem Kampf gegen Windmühlen – Das Promotionssystem

3

Aus dem Interview

„Hochschulen sind einerseits wie Klöster, in die sich diejenigen zurückziehen, die sich nicht vor dem geistigen Wettkampf der Worte fürchten, aber vor dem Wettbewerb des Alltags Schutz suchen. Andererseits sind sie wie Kindergärten für Nerds, die sich nichts sagen lassen, aber oft auch kein Problem damit haben, dass sie nichts zu sagen haben. Insgesamt also ein Refugium für mehr oder minder introvertierte, harmlose Besserwisser." (Prof. Dr. Abdolkarim Sadrieh, E-Business) ◀

Als Fachhochschul-Absolventin war ich darauf gefasst, zur Promotion an der Universität völlig andere Systemstrukturen vorzufinden als zu meiner Studienzeit. Und nach nunmehr 4 Jahren erfolgreicher Promotionszeit kann ich mit Fug und Recht behaupten: Ich habe sie immer noch nicht vollständig verstanden! Interessanterweise – und zu meiner Beruhigung – stehe ich damit nicht alleine da. Denn Studien- und Promotionsabsolventen verschiedenster Hochschulen beschreiben die Hochschulstrukturen als eher undurchsichtig. Dazu kommt, dass jeder Hochschuldschungel seine eigenen Gesetzmäßigkeiten vorhält. Lass uns daher deine wertvolle Zeit nicht mit Systemdetails vergeuden und vielmehr über ein paar wesentliche Grundlagen sprechen, auf die jeder Promotionsinteressierte vorbereitet sein sollte.

Aus dem Interview

„Das Hochschulsystem: Ich weiß man sollte es jetzt eher als etwas Geordnetes und Strukturiertes beschreiben, aber mir kommt es oft eher vor wie Action-painting." (Doktorandin im 4. Jahr, Marketing). ◀

© Der/die Autor(en), exklusiv lizenziert an Springer Fachmedien Wiesbaden GmbH, ein Teil von Springer Nature 2022
V. Sablotny-Wackershauser, *How to get a „Dr." – die ganze Welt der Promotion*, essentials, https://doi.org/10.1007/978-3-658-38391-6_3

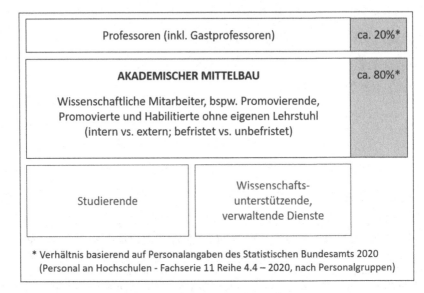

Abb. 3.1 Wissenschaftliches Kernpersonal an deutschen Hochschulen[1]

Als Doktorand im Promotionsprozess gliederst du dich in den akademischen Mittelbau des Hochschulsystems ein und befindest dich damit meist am unteren Ende der Nahrungskette (Abb. 3.1). Unabhängig davon, für wie intelligent, erfahren oder gewieft du dich auch hältst; in der Promotion hilft dir daher vor allem eines: Akzeptanz und/oder die Wahl zum Mittelbau-Vertreter[2]! Im Gegenzug lassen sich viele unglückliche Promotionsprozesse wohl mit einem Kampf gegen Windmühlen beschreiben. Und – sind wir ehrlich – das System füttert die

---

[1] Statistisches Bundesamt, 2021, Online abzurufen unter: https://www.destatis.de/DE/Themen/Gesellschaft-Umwelt/Bildung-Forschung-Kultur/Hochschulen/Publikationen/Downloads-Hochschulen/personal-hochschulen-2110440207004.pdf?__blob=publicationFile.

[2] Mittelbauvertreter stellen das Sprachrohr des Mittelbaus zur Professorenebene dar. Wer zum Mittelbau-Vertreter gewählt wurde, vertritt die Belange des Mittelbaus als stimmungsberechtigtes Mitglied im Fakultätsrat. Darüber hinaus fungieren Mittelbauvertreter als Ansprechpartner und Vertrauenspersonen für alle Mitglieder des Mittelbaus und organisieren regelmäßige Treffen zur Besprechung relevanter Fragen, Probleme und Entwicklungen.

Motivation zum Kampf an vielen Stellen. So ist es bspw. üblich, dass interne Doktoranden regelmäßig ihr Lehrdeputat zur Entlastung ihrer Vorgesetzten überschreiten, neben Prüfungsaufsichten und -kontrollen auch außeruniversitäre Projekte für ihre Doktorväter bearbeiten oder ihre Doktorväter als Autoren in ihren wissenschaftlichen Beiträgen vermerken, auch wenn diese hierfür nichts geleistet haben. Wie gesagt ist dieses Vorgehen üblich, wenn nicht sogar fester Bestandteil des Hochschul- und Promotionssystems. Nichtsdestotrotz habe ich Kollegen erlebt, die sich auch nach 4 Jahren Promotionszeit noch täglich über diese Ungerechtigkeiten beschweren konnten und damit tagtäglich unglücklicher wurden. Daher mein Rat: Akzeptieren – Drüberstehen – Weitermachen. Oder um es mit den Worten einer meiner liebevollen Kolleginnen zu sagen: „Voll gerne!"

Betrachtet man diese Besonderheiten des Hochschulsystems, so verwundert es nicht, dass der Mittelbau vielerorts ein mehr als nur eingeschworenes Team darstellt. Getreu dem Motto *„Nicht das Glück schweißt Menschen zusammen, sondern die Not"* (Silke Wiesemann) durfte ich in der kurzen Lebensphase von vier Jahren unter meinen Kollegen Freundschaften gewinnen, die weit über das bekannte Maß hinausgehen. Eine Erfahrung, auf die sich auch viele meiner befragten Professoren mit einem Grinsen im Gesicht zurückbesannen. So wurde der Ausflug in die Promotionsvergangenheit bei der Mehrzahl mit besonderen Freundschaften verbunden, die noch bis zur heutigen Zeit bestehen.

Doch nicht nur auf emotionaler und persönlicher Ebene sollte die Promotion als ein gemeinsamer und weniger einsamer Prozess verstanden werden. Zugleich sind Gleichgesinnte und Unterstützer auch für die fachliche Weiterentwicklung kaum wegzudenken. So ist es jedem Doktoranden anzuraten, seine Doktorarbeit nicht im stillen, dunklen Kämmerlein zu verfassen, sondern das direkte Umfeld in Diskussionsrunden, Vorträgen und Gemeinschaftsprojekten gezielt einzubeziehen. Denn, um es mit den Worten meines Betreuers zu sagen, „Mehr Köpfe denken mehr" – und das Schöne: Sie haben dabei meist ein Vielfaches mehr Spaß!

Aus dem Interview

- *„Wenn ich mich wie andere als Einzelkämpfer fühlen würde, hätte ich schon 20 × hingeschmissen."* (Doktorand im 3. Jahr, Management Science)
- *„Doktoranden verbringen so viel Zeit alleine mit sich und der eigenen Arbeit, dass man oft den Wald vor lauter Bäumen nicht sieht. Ein neuer Blickwinkel, eine andere Forschungsfrage oder Methode, die von Kollegen vorgeschlagen wird, bringen die eigene Forschung meist weiter als viele Monate Arbeit in Isolation."* (Doktorand im 6. Semester, Finanzierung und Banken)

- *„Besonders hilfreich sind intergenerationale Gespräche unter den Promovierenden einer Betreuerin oder eines Betreuers. Der größte Fehler ist es, nie mit den Vorgängern gesprochen zu haben, und die größte Unterlassung ist es, die Nachfolger nicht zu beraten."* (Prof. Dr. Abdolkarim Sadrieh, E-Business)
- *„Der Austausch untereinander ist extrem wichtig, da die Themen und Methoden sehr komplex sind. Die Konkurrenz ist sehr stark und in der Regel werden kumulative Dissertationen mit Publikationen verlangt. Das ist als Einzelkämpfer*in kaum zu bewältigen."* (Junior-Professor für Konsumentenverhalten) ◀

Meist finden sich hochschulintern bereits Strukturen vor, welche die fachliche Weiterentwicklung und den wissenschaftlichen Diskurs untereinander fördern – so bspw. Doktoranden- und Forschungskolloquien. Darüber hinaus gibt es für Doktoranden viele Anlaufstellen für fachspezifische Weiterbildungen, die insbesondere zu Beginn der Promotion sehr hilfreich sein können. Um ein paar Beispiele zu nennen, findet man zahlreiche Graduiertenakademien mit Kursangeboten oder auch ProDok-Seminare des Verbandes der Hochschullehrer für Betriebswirtschaft (VHB). Diese trainieren Doktoranden u. a. in empirischen und statistischen Methoden, Theorieentwicklung als auch wissenschaftlichen Grundlagen wie SpeedReading und Schreiben. Darüber hinaus bieten sogenannte Summer Schools die Möglichkeit, außerhalb der Semesterzeit auch mit internationalen Wissenschaftlern zusammenzukommen[3]. Wie du siehst, ist also kein Doktorand dazu verdammt, die Promotion in Isolation zu verbringen. Begibt man sich auf die Suche, finden sich zahlreiche Möglichkeiten der Vernetzung und des gemeinschaftlichen Lernens. Lass mich nun abschließend auf ein Format zu sprechen kommen, das unter Wissenschaftlern einen ganz besonderen Stellenwert genießt und gerade im Promotionsprozess für ganz besondere Highlights sorgen kann: Die wissenschaftliche Konferenz.

Um das Prinzip der wissenschaftlichen Konferenz zu verbildlichen: Nimm eine Alltagsproblematik, setze verschiedene Wissenschaftler an einen Tisch und sieh zu wie die Zeit in hitzigen Diskussionen verfliegt und sich kindliche Euphorie in den Gesichtern der Beteiligten breitmacht. Im realen, wissenschaftlichen Diskurs bekommen Doktoranden den gelebten, wissenschaftlichen Geist

---

[3] Insbesondere bei Auswahl einer SummerSchool sollte man sich vom Votum des Betreuers leiten lassen, da es hier auch einige Angebote gibt, die in ihrer Qualität nicht überzeugen.

direkt und unmittelbar mit. Die wissenschaftliche Konferenz kann dabei wohl als das Mittel schlechthin betrachtet werden, um Einblick in den aktuellen Forschungsstand, aktuelle Methoden und Modelle, relevante Forschungsfragen und zukünftige Entwicklungen in einem spezifischen Gebiet zu erhalten. Dabei kannst du von alteingesessenen Koryphäen sowie wissenschaftlichen Neuzugängen profitieren. Idealerweise erhältst du als Jungwissenschaftler auch die Möglichkeit, direkt mitzudiskutieren, deine Sichtweisen und Forschungsprojekte einzubringen und diese auf Herz und Nieren zu prüfen. Dabei profitierst du insbesondere von 3 Effekten:

1. **Marketing-Effekt:** Du steigerst deine Bekanntheit als Wissenschaftler und möglichem Kooperationspartner. Du hast die Möglichkeit, dich mit Forschern aus der ganzen Welt zu vernetzen. Ein Aspekt, der insbesondere auch für den wissenschaftlichen Weg nach der Promotion höchste Relevanz besitzt. Denn bei vielen Einstellungs-/Berufungsverfahren spielt die internationale Vernetzung eine entscheidende Rolle.
2. **Deadline-Effekt:** Um dich für einen Konferenzvortrag zu qualifizieren, musst du entsprechende Einreichungsfristen einhalten. Darüber hinaus hast du als Vortragender den Druck, zur Konferenz etwas Präsentierfähiges zu liefern. Damit bieten dir Konferenzen die Möglichkeit, deine Promotionszeit in Deadlines zu gliedern auf die du zuarbeiten kannst. Ein wahrer Vorteil, wenn man bedenkt, dass der Großteil der Promotionen durch das „Laissez-Faire"-Prinzip[4] gekennzeichnet ist und ein Höchstmaß an Selbstorganisation und Disziplin erfordert.
3. **Feedback-Effekt:** Du erhältst Rücklauf zu deiner Arbeit – was sind Kritikpunkte? Was kommt gut an? Welche unterschiedlichen Perspektiven gibt es auf deine Problemstellung? Der Lerneffekt ist erheblich und kann dir helfen, deine Projekte frühzeitig in eine publikationsreife Form zu bringen. Je früher du von diesem Feedback profitieren kannst, desto besser. Denn du hast noch mehr Lenkungsspielraum, wenn das Projekt noch nicht das Endstadium erreicht hat. Zuletzt lehrt dich die Konferenzteilnahme eine äußerst wichtige Tatsache: „Andere Forscher kochen auch nur mit Wasser".

---

[4]Das Laissez-Faire-Prinzip (aus dem Französischen übersetzt: lassen Sie machen, lassen Sie laufen) zeichnet sich durch ein überdurchschnittliches Maß an Freiheiten aus, bei denen die Aufgaben eigenständig bestimmt und ohne Einmischung von Außenstehenden bearbeitet werden (gemäß Online-Einträgen Duden und Wirtschaftslexikon Gabler, abgerufen am 31.01.2021).

Die obigen Ausführungen verdeutlichen die Gründe, weshalb Hochschulen ihren Mitarbeitern ein nicht unerhebliches Budget für die Teilnahme an wissenschaftlichen Konferenzen zur Verfügung stellen. Aus der Brille einer Promotionsabsolventin reiht sich ein weiterer, nicht zu unterschätzender Grund mit in die Liste ein: Der Spaß! So sprang ich viele Male als Doktorandin zwischen den Weisen und Ehrwürdigen der Forschungscommunity herum, wie ein langzeitig eingesperrter Hund, der seine Freiheit im nächstgelegenen Park wiederentdecken durfte – allzeit bereit neu-erlernte Tricks vorzuführen, alte Freundschaften wiederzubeleben und Neues kennenzulernen. Von ähnlich positiven Assoziationen berichtete ebenfalls der Großteil meiner Befragten. So wurden Konferenzteilnahmen mit tollen Veranstaltungsorten, einem „Ausbrechen aus dem Büroalltag" und einem besonderen Motivationsschub verbunden.

Aus dem Interview

- „Ich finde Konferenzen super! Aus den naheliegenden Gründen – man stellt sein Thema in einer Fach-Community vor und erhält Feedback. Und gerade auf Konferenzen erhält man meistens sehr wohlwollendes und konstruktives Feedback. Und wenn es sehr gut läuft, dann sitzen da nicht nur Leute die erzählen „Das ist ja ganz toll", sondern auch Leute, die kritisieren." (Post-Doc im Bereich Empirische Wirtschaftsforschung)
- „Ein Riesenargument für Konferenzen sind die Veranstaltungsorte. Ich verreise nicht häufig, aber dafür teuer – dafür bin ich am Lehrstuhl bekannt." (Doktorand im 3. Jahr, Management Science)
- „Ich find's immer total spannend Namensschilder von Menschen zu sehen, die ich zitiert habe, und mir denke…Ach hey, cool! So siehst du also aus. […] Du merkst wie die Leute drauf sind. Du hast so die Stars, die Introvertierten, die Chaoten…am Ende ist die Forschungs-Community wie eine Schulklasse" (Doktorandin im 3. Jahr, Wirtschaftspolitik)
- "Man ist auf einem Level mit Profs und Koryphäen. Abends bei einem Wein wird alles so informell." (Doktorand im 4. Jahr, Accounting)
- „Du lernst präsentieren. Du verstehst aber auch, dass es nicht schlimm ist, wenn man nicht so gut präsentieren kann – Folien ablesen, Schriftgröße 9, Text in Sätzen formuliert, alte Präsentationsversionen mit leeren Folien – ist alles kein Problem. Man merkt, dass es am Ende wichtiger ist, dass du begeistert bist, von dem was du machst." (Doktorandin im 3. Jahr, Wirtschaftswissenschaften) ◄

Tipps & Tricks für das Überleben im Promotionssystem

1. **Akzeptiere das System**
   Andernfalls ist das System dein Nervenfriedhof.
2. **Finde Leidensgenossen und lasse dich vom System „zusammen-schweißen"**
   Mache dir immer bewusst: Du bist nicht allein. Genieße die Vorzüge der Mittelbau-Gemeinschaft; getreu dem Motto – einer für alle, alle für einen. Finde Freunde und Kollegen, mit denen du forschen, feiern, weinen, lachen, trinken, korrigieren, schreien, verzweifeln, telefonieren, schmunzeln, klagen, strahlen, gackern, flehen, genießen, tanzen, sticheln, raunen und jubeln kannst. Außerdem kann dir dein Umfeld dabei helfen, einen gesunden Sarkasmus zu entwickeln und deinen Humor ein paar Stufen zu schwärzen.
3. **Suche und nutze proaktiv geeignete Doktorandenprogramme und Konferenzen**
   Gestalte dir deine Promotion – in den Formaten, die dich weiterbringen. Niemand kann besser einschätzen, was du zu welcher Zeit brauchst, als du selbst. Setze dir Zeitfenster, die du dafür nutzen kannst, um über deinen Promotionsprozess nachzudenken.

Von Mut, Überwindung und Kritikfähigkeit – Der Doktorand im Promotionsprozess

4

Was, wenn ich dir sagen würde, dass persönliche Eigenschaften bei einer Promotion stärker ins Gewicht fallen als fachliche Kompetenz – würdest du mir glauben? Zugegeben, noch vor meiner Promotion wäre es mir selbst schwergefallen das zu glauben. Und doch sollte sich einer der ersten Hinweise meines Doktorvaters für mich als die wohl profundeste Wahrheit der Promotion herausstellen: „Doktoranden werden nach Abschluss ihrer Promotion nicht eingestellt, weil sie sich fachlich mit einem Thema auseinandergesetzt haben, sondern weil jeder weiß, dass sie frust- und stressresistent sind und jede Menge Biss haben."

Was sich mir damals als kurzer, irritierender Hinweis in einem Nebensatz präsentierte, ist mitnichten als Einzelmeinung eines schwarzhumorigen, konfusen Universitätsprofessors zu verstehen. Genauer verwiesen bei der Frage „Welche Fähigkeiten und Eigenschaften sollte man als Doktorand unbedingt mitbringen?" alle der von mir befragten Interviewpartner verstärkt auf persönliche als auf fachliche Merkmale. Bei einer durchschnittlichen Anzahl von 5 Nennungen verwiesen durchschnittlich 73,10 % auf persönliche Merkmale (Standardabweichung 20,85 %). Tab. 4.1 zeigt eine Auflistung der meistgenannten Antworten.

Aus dem Interview

- „Man muss sich ins Getümmel werfen und dazu bereit sein, noch einen Fehler mehr zu machen. So kommt man voran." (Prof. Dr. Eichfelder, Betriebswirtschaftliche Steuerlehre)
- „Soziale Dummheit hilft manchmal auch weiter – so à la, die hochgezogene Augenbraue bei meinem Chef habe ich gerade gar nicht bemerkt." (Doktorandin im 2. Jahr, Marketing) ◄

V. Sablotny-Wackershauser, *How to get a „Dr." – die ganze Welt der Promotion,* essentials, https://doi.org/10.1007/978-3-658-38391-6_4

Tab. 4.1 Welche Fähigkeiten und Eigenschaften sollte man als Doktorand unbedingt mitbringen?

Persönlich	Anzahl
Biss (Durchhaltevermögen, Disziplin, Ehrgeiz, Ausdauer)	22
Resilienz & Kritikfähigkeit (Frust-, Fehler-, Ambiguitäts-, Ungerechtig-keitstoleranz)	17
Intrinsische Motivation (Interesse, Neugier, Leidenschaft, Begeisterungsfähigkeit)	15
Mut & Zielstrebigkeit (Proaktivität, Eigeninitiative, Selbstständigkeit)	11
Soziale Kompetenz (Kontaktfreude, Teamgeist, Empathie, Freundlich-keit, Netzwerk)	9
Offenheit, Kreativität & Flexibilität	8
Selbstbewusstsein & positive Denkweise	3
Fachlich	**Anzahl**
Zeit- & Projektmanagement, Priorisierung & Fokussierung	14
Analytische Fähigkeiten, (Interesse an/Keine Angst vor) Forschungs-methodik	7
Präsentationstechniken/Verbale Fähigkeit & Kompetenz im Verschriftlichen	7
Gute Englischkenntnisse, Internationale „Exposure"	3

Warum gerade persönliche Eigenschaften den Erfolg einer Ausbildung
bestimmen, die von Außenstehenden primär mit fachlicher Exzellenz in Verbindung gebracht wird, verdeutlicht sich mit Blick auf den Promotionsverlauf
(s.h. Abb. 4.1).

Aus dem Interview

„Das erste Jahr musst du überstehen … danach wird es besser." (Prof. Dr.
Lichters, Marketing und Handelsbetriebslehre) ◀

Grundsätzlich lassen sich vier Phasen definieren, die ein Doktorand mit Blick
auf den Forschungsprozess üblicherweise durchläuft: 1) Orientierung & Ein-
arbeitung, 2) Realisierung & Adaption, 3) Die „Sinuskurven-Erfahrung" und
4) Endspurt/Abgabe. Die Phasen können in ihrer Zeitdauer und Intensität von
Promotion zu Promotion stark variieren. Manche können auch wiederkehren. Was
steckt nun hinter diesen Phasen? Nutzen wir meinen imaginären Kollegen Marco
als Beispiel.

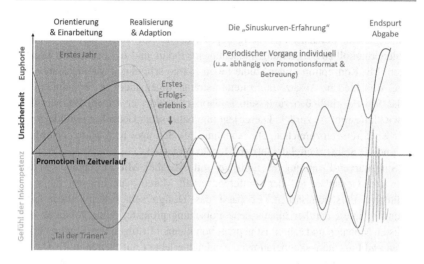

Abb. 4.1 Das Achterbahn-Modell

[Orientierung & Einarbeitung] Nach Abschluss seines Masterstudiums startet Marco als interner Doktorand am Lehrstuhl Marketing/BWL. Er konnte sich bereits im Studium sehr stark für die Themen Impulsivität und Kaufsucht begeistern und einigt sich mit seinem Doktorvater darauf, dieses Thema in Form einer kumulativen Promotion zu vertiefen. Mit voller Euphorie legt er los – bestellt Bücher, Zeitschriften, wälzt Forschungsliteratur; auch am Wochenende lässt ihn die Suche nach der alles verändernden Forschungsfrage nicht los. Monate ziehen ins Land und es werden erste Zweifel – ob der üppig gefüllten Heimbibliothek – von Marco's Freundin laut. Mit kritischem Blick beäugt sie die verschiedenen Stapel aus psychologischer, mathematischer, finanzpolitischer, biologischer und medizinischer Fachliteratur. Verwirrung macht sich breit: „Ich dachte du forschst zu Konsumentenverhalten, wieso recherchierst du dann Experimente mit Mäusen?". Mit Blick auf die Stapel bereits gelesener Literatur und den Bergen ungelesener Beiträge dämmert auch Marco, dass es so nicht weitergehen kann. Enttäuscht betrachtet er seine Liste von potenziellen Forschungsfragen – unzählige Seiten sind gefüllt, alle Fragen durchgestrichen. „Wie kann es nur sein, dass alles schon erforscht wurde?".

[Realisierung & Adaption] Marco sucht das Gespräch mit seinem Betreuer, der ihm nahelegt sich für's Erste vom Gedanken der weltverändernden Forschungsfrage zu lösen und mit einem ersten kleinen Schritt – einer Replikationsstudie[1] – zu beginnen. Zunächst missmutig beginnt der interne Doktorand mit seinem Studienprotokoll zu Zielstellung, Forschungsmethodik und zu erwartenden Ergebnissen. Mit Konzeption seiner Studie fallen Marco schließlich Möglichkeiten ins Auge, verschiedene Ansätze und Literaturstränge miteinander zu verknüpfen und in das Projekt einfließen zu lassen. Euphorisch meldet er seinem Betreuer den Entwicklungsprozess zurück. Dieser legt ihm nahe, seine Gedanken und Ideen auf einer Konferenz einzureichen. Die Annahme des Beitrages lässt Marco den Missmut und die Selbstzweifel der letzten Monate vergessen.

[Sinuskurven-Erfahrung & Endspurt mit Abgabe] Mit Präsentation seiner Ideen und Gedanken auf der Konferenz erhält Marco neue Impulse für seine zukünftige Forschungsarbeit. Er passt das Design seiner Replikationsstudie an und definiert darüber hinaus neue Forschungsprojekte. Seine Arbeit in den nächsten Monaten und Jahren ist geprägt von kleinen Erfolgen wie Konferenzbeiträgen und Forschungskooperationen. Zugleich erlebt er mit Pleiten in der Datenerhebung und -auswertung als auch scharfer Kritik im Veröffentlichungsprozess einige Rückschläge, die seine Leidensfähigkeit auf die Probe stellen (für Details zur Sinuskurven-Erfahrung, siehe Tab. 4.2). Zuletzt sieht er sich der Abgabe seiner Doktorarbeit gegenüber. Ihm wird zunehmend bewusst, dass die Doktorarbeit all seine Bemühungen der letzten Jahre in einem Schriftstück vereint. Er blickt euphorisch dem Ende entgegen, während er sich zeitgleich immer häufiger fragt, ob seine Leistung wohl ausreichend ist.

Aus dem Interview

- *„Eines der wichtigsten Short-Cuts in der Promotion: Strg + A und Entfernen" (Post-Doc im Bereich Empirische Wirtschaftsforschung).*
- *„Die Lebenserwartung eines Projektes sollte man nicht überschätzen. Ist mir vor kurzem auch passiert, dass ein Projekt gestorben wurde." (Doktorandin im 2. Jahr, Marketing)*
- *„Es gibt nicht die perfekte Forschung – jede Forschung hat Vor- und Nachteile. Dadurch lässt sich jede Forschung kritisieren. […] Und manchmal muss man eine Schelle von den Gutachtern bekommen, damit Forschung besser wird." (Doktorand im 3. Jahr, Management Science)* ◀

---

[1] Eine Replikationsstudie beinhaltet die wiederholte Durchführung einer bereits durchgeführten Studie, mit dem Ziel die Gültigkeit oder Stabilität der ursprünglichen Ergebnisse zu überprüfen.

Tab. 4.2 Exkurs zur Sinuskurvenerfahrung – Ereignisse, die die Achterbahn voll in Fahrt bringen

Beispiele für Tiefgänge	Beispiele für Höhenflüge
Die geplante Datenerhebung ist nicht realisierbar.	Die Datenerhebung wurde erfolgreich und mit einer ausreichenden Anzahl an Probanden abgeschlossen.
Die geplante Datenerhebung verzögert sich um mehrere Monate.	
Nach Datenerhebung stellt sich ein Fehler in der Messmethode heraus.	
Nach Datenerhebung wird ein Bericht veröffentlicht, der die Messmethode ad acta legt.	
Die erhobenen Forschungsdaten passen nicht zu den theoretischen Überlegungen; der theoretisch-wissenschaftliche Diskurs reicht nicht für die Veröffentlichung der Ergebnisse aus,; die Studie wurde nicht pre-registriert.	Die Forschungsdaten passen zu den theoretischen Überlegungen.
	Die Forschungsdaten passen nicht zu den theoretischen Überlegungen, werden aber als sinnvoll für den wissenschaftlichen Diskurs erachtet; die Studie wurde pre-registriert.
Eine Studie mit gleicher Forschungsfrage wird veröffentlicht. Die Messmethode ist leider innovativer als die eigene.	Es wird ein Beitrag veröffentlicht, der die Relevanz der eigenen Forschungsfrage verdeutlicht.
Die aktuelle Version des Forschungsberichts wird von Betreuer und Kollegen zerpflückt, die Kommentarfunktion von Word ist aufgrund zu zahlreicher Änderungsanforderungen überlastet.	Weniger als 50 % des Forschungsberichts müssen gemäß Feedback von Betreuer und Kollegen überarbeitet werden.
Ein eingereichter Forschungsbericht wird als Konferenzbeitrag abgelehnt.	Ein eingereichter Forschungsbericht wird als Konferenzbeitrag angenommen.
Ein Konferenzvortrag erhält scharfe Kritik,	Ein Konferenzvortrag erhält starke Zustimmung.
es werden andere oder komplexere Ansätze zur Erforschung der Fragestellung verlangt.	Aus einer Konferenzteilnahme ergeben sich neue Forschungsansätze und Kooperationen.
Ein eingereichter Forschungsbericht erhält destruktive Kritik im Begutachtungsprozess.	Ein eingereichter Forschungsbericht wird als Zeitschriftenbeitrag angenommen oder erreicht die nächste Begutachtungsrunde.
Ein Forschungsbericht wird in der Ersteinreichung als Zeitschriftenbeitrag abgelehnt.	
Ein Forschungsbericht wird nach mehreren Begutachtungsrunden abgelehnt.	

Wir haben uns bisher mit den Anforderungen an Doktoranden befasst und festgestellt, dass persönliche Eigenschaften dabei eine zentrale Rolle spielen. Lass uns nun abschließend darüber sprechen, warum der Fakt, dass man als Doktorand auf so vielfältige Weise gefordert ist, eine wahrlich gute Nachricht darstellt! Betrachtet man die Liste an Anforderungen im Zuge der Promotion, kann sich sehr schnell ein Gefühl der Ohnmacht einstellen. Versteht man die Vielfältigkeit jedoch als eine Möglichkeit der Risikostreuung, sollten sich Promotionsinteressierte davon beflügeln lassen können. Keine Promotion verlangt die eierlegende Wollmilchsau; wer gut im Eierlegen ist, kann auch mal in der Milchproduktion schwächeln. Entsprechend muss ein Doktorand nicht alles können, sondern vielmehr einen Weg finden, seine Fähigkeiten effektiv zusammenzubringen. So ergibt sich mit der Fülle an Anforderungen für jeden Doktoranden ein enormer Spielraum zum Ausgleichen von Defiziten und dem Ausspielen von Stärken. Und genau das macht die Promotion so individuell! Und nicht zu vergessen bietet die Promotion mit all ihren Herausforderungen ein enormes Potenzial für die persönliche Weiterentwicklung (Tab. 4.3).

Tab. 4.3 Antworten zur Abfrage „Wenn die Promotion ein Lied wäre …"

Titel (Interpreten)	
• Remember the name (Fort Minor)	• Bitter Sweet Symphony (The Verve)
• Killing me softly (Fugees)	• Panic Station (Muse)
• Nur nach vorne gehen (Broilers)	• Smooth Sailing (Queens of the Stone Age)
• Let the party started (Pink)	• Digital ist besser (Tocotronic)
• I will survive (Gloria Gaynor)	• Music takes you back (Mojo)
• Dieser Weg (Xavier Naidoo)	• No Ceiling (Eddie Vedder)
• The Scientist (Coldplay)	• Should I stay or should I go (The Clash)
• Du schreibst Geschichte (Madsen)	• Never Ending Story – Ist das ein Lied?

Umschreibungen/Zitate

• Es ist auf jeden Fall mit nicht-gestimmten Instrumenten gespielt
• Stereotypisch wäre sicher „A Long and Winding Road" (Beatles), aber wahr ist vielleicht „Don't Know Much" (Sam Cooke) oder „Wenn nicht jetzt, wann dann?" (Höhner)
• Es reicht von „Riders on the Storm" (The Doors), über „Happy" (Pharrell Williams) bis zum Wunsch „Heute mach ich gar nichts" (Max Raabe)
• Vielleicht ein Wanderlied. Irgendwas mit Rhythmus – so einen gewissen Rhythmus muss man finden. Es ist auf jeden Fall ein sehr langes Lied!
• Das Album "Dark Side of the Moon" von Pink Floyd. Das hat viele atonale und arhythmische Teile, bei denen du denkst: Woa, hör auf! – Ich glaube, das passt ganz gut."

Tipps & Tricks für das richtige Achterbahn-Erlebnis

1. **Bereite dich mental auf den Nervenkitzel der Achterbahn-Fahrt vor**
   Du gehst schließlich auch nicht nach Disneyland, um nur einen Spaziergang zu machen. Bereite dich auf Höhen und Tiefen vor und lege dir idealerweise schon mögliche Handlungsschritte zurecht.

2. **Scheue dich nicht davor, andere Menschen einzubeziehen**
   Idealerweise fungiert dein Doktorvater als Antrieb. Er kann dir dabei helfen, bestimmte Höhen zu erreichen und Tiefen vorherzusehen. Lass dich ggfs. immer wieder von ihm oder auch Kollegen auf Spur bringen. Gehe zudem frühzeitig mit deinen Themen ins Gericht – ob auf nationalen oder internationalen Konferenzen und Forschungskolloquien. Du ermöglichst es dir somit, Kritik/Feedback schon frühzeitig in deinen Forschungsprozess einzubeziehen und effektiv zu verarbeiten.

3. **Setze deine Stärken ein, um mögliche Schwächen auszugleichen**
   Finde deinen ganz individuellen Weg mit dem Promotionsalltag umzugehen. Wenn du dich an anderen orientierst, achte trotz alledem darauf, nie dich selbst mit deinen Stärken und Schwächen aus den Augen zu verlieren.

Von Horror-Management und dem Dilemma der Selbstbestimmtheit – Der Promotionsalltag

5

Ich habe bereits in einem vorherigen Kapitel von dem „Laissez-Faire" Prinzip der Promotion gesprochen. Nutzen wir nun dieses Kapitel um die Auswirkungen dieses Prinzips ein wenig genauer zu beleuchten.

Wer sich für eine interne Promotion entscheidet, darf sowohl die Süße als auch Bitterkeit von Freiheit und Selbstbestimmung in vielen verschiedenen Facetten erleben. Neben vorgegebener Lehrverpflichtung und gesetzten Präsenzzeiten dürfen sich Doktoranden u. a. daran erfreuen, dem Promotionsalltag ihren ganz persönlichen Touch zu verleihen. So ist es bspw. nicht unüblich, dass die Büros von Nachteulen häufig bis mittags unbesetzt bleiben, Kaffeepausen sich individuell über den Arbeitstag erstrecken und Hausarbeitskorrekturen im nächstgelegenen Park, am See oder auf dem sonnigen Balkon vorgenommen werden. Viele Vorzüge von denen ich als Nacht- und Natur-liebender Mensch in jedem mir möglichen Moment Gebrauch machte. Und dabei bin ich mitnichten ein Einzelfall – So kann das Hochschulgebäude zu heißen Sommerzeiten schon einmal den Anschein einer ausgestorbenen Wüstenlandschaft erwecken.

Wie Georges Bernanos allerdings bereits treffend formulierte, ist *„Freiheit kein Privileg, sondern eine Aufgabe"*. So fordert auch die freie Lebensweise eines Doktoranden ihren Tribut in der Selbstorganisation – eine Tatsache, die ich gerne unter dem „Dilemma der Selbstbestimmtheit" zusammenfasse.

Betrachtet man den Lernprozess von Schülern und Studierenden als Beispiel sollte das Dilemma der Selbstbestimmtheit den meisten bereits aus dem eigenen Umfeld bekannt sein: Während sich die wenigsten Lernenden kontinuierlich auf Prüfungs- und Abgabetermine vorbereiten, so ist die Anzahl derer, die sich kurz vor Fristablauf in koffeinreiche Nachtschichten stürzen meist ein Vielfaches höher. Der berühmt-berüchtigte „letzte Drücker" gewinnt dabei häufig mit wachsender Freiheit an Bedeutung. So durfte ich als Dozentin verblüfft feststellen, dass meine

V. Sablotny-Wackershauser, *How to get a „Dr." – die ganze Welt der Promotion*, essentials, https://doi.org/10.1007/978-3-658-38391-6_5

Schützlinge zunehmend später mit der Bearbeitung ihrer Aufgaben begannen, je mehr Bearbeitungszeit ich ihnen zur Verfügung stellte. Wieso ist dieses Phänomen nun für Schüler und Studierende als wenig problematisch anzusehen, während es für Doktoranden von so zentraler Bedeutung ist? Die Antwort liegt in der Prävalenz fest definierter Fristen. Während Schüler und Studierende durch festgelegte Projekt- und Prüfungszeiten ihre Ausbildung in einer vordefinierten Struktur durchlaufen, ist dem Doktoranden im Promotionsprozess im schlechtesten Fall nur eine Frist bekannt – die Abgabefrist der Doktorarbeit, die üblicherweise mehrere Jahre in der Zukunft liegt. Entsprechend verlangt die Promotion ein kontinuierliches, diszipliniertes Arbeiten über mehrere Jahre hinweg – so hat eine „kurz-vor-knapp"-Bearbeitung noch keine Doktorarbeit retten können.

Aus dem Interview

„Eine große Herausforderung im Zuge der Promotion ist ein passendes Zeitmanagement. Denn viele Doktoranden erkennen währenddessen gar nicht, dass sie ein akutes Zeitproblem haben." (Prof. Dr. Lichters, Marketing und Handelsbetriebslehre) ◀

Um von dem süßen Prinzip der Selbstbestimmtheit also nachhaltig profitieren zu können, sind interne Doktoranden dazu aufgefordert, äußerst verantwortungsbewusst mit der Bearbeitung ihrer Aufgaben umzugehen. Dabei stehen sie vor der Herausforderung ihre eigenen Interessen (Fertigstellen der Doktorarbeit) mit den Interessen der vielen Anspruchsgruppen aus dem Hochschulbetrieb zu koordinieren (bspw. Anfragen/Aufgaben von Professoren, Studierenden, Projektmitgliedern, Verwaltungsorganen). Um hierbei nicht den Überblick zu verlieren, ergeben sich für Doktoranden besondere Anforderungen an die Organisation ihres Tagesgeschäfts. So sind sie dazu angehalten, sich vor einem fragmentierten Arbeitsalltag zu schützen und zugleich jederzeit flexibel genug zu agieren, um Aufgaben ad hoc umzupriorisieren. Denn die wenigsten Tage verlaufen nach Plan. So trudeln über die Arbeitszeit meist unsortiert und unangekündigt die vielfältigsten Anfragen auf den unterschiedlichsten Wegen ein – ob per E-Mail, Telefon, Online-System oder durch eine persönliche Steppvisite im Büro. Nichtsdestotrotz sollte auch bei der Flut an Hochschulanfragen die Doktorarbeit nie aus dem Fokus geraten[1].

---

[1]An dieser Stelle möchte ich gerne mit einer kurzen Fußnote den externen Doktoranden gesondert Tribut zollen. Denn gerade diese müssen ein hohes Maß an Organisations-

- *„Ein Grund für nicht-erfolgreiche Promotionen ist, dass sich Doktoranden nicht voll und ganz auf ihre Promotion konzentrieren. Man kann eine Haushaltsstelle auch ausgefüllt bekommen, in dem man nur Lehre macht – das ist aber nicht zielführend." (Prof. Dr. Lichters, Marketing und Handelsbetriebslehre)*
- *„Ich habe meinen SchlaDi (Scheiß langer Dienstag) und meinen SchlaMi (Scheiß langer Mittwoch) für alles, was an Lehre und Verwaltung anfällt." (Doktorand im 3. Jahr, Management Science)*
- *„Auch wichtig: Outlook-Erinnerungen! Viel auslagern – gar nicht erst versuchen, sich zu viel zu merken." (Doktorandin im 2. Jahr, Marketing)* ◄

Möglicherweise erscheint dir der Rat, nie den Fokus auf die Doktorarbeit zu verlieren, sehr trivial. Und doch möchte ich ihn in jeder mir möglichen Form betonen. Leider war es mir nicht möglich ihn in Schriftgröße 120, fett und unterstrichen in dieses Buch einzubinden, daher behelfe ich mir an dieser Stelle mit einer Wiederholung: Als Doktorand ist es die oberste Pflicht und zugleich größte Herausforderung, proaktiv und mit langem Atem die Doktorarbeit voranzutreiben. Der häufig sehr fordernde Arbeitsalltag stellt dabei nur eine von vielen Hürden dar. Neben dem altbekannten inneren Schweinehund, wiederkehrenden Rückschlägen in der Forschung, mangelndem Zeitdruck und fehlenden, strukturellen Vorgaben, habe ich in diesem Zusammenhang meinen ganz persönlichen Endgegner in meinem Doktorvater finden dürfen. Warum, wird klar, betrachtet man das vorherrschende Führungs- oder auch Nicht-Führungsverhalten von Professoren im Zuge einer Promotionsbetreuung.

Bei Professoren und Lehrstuhlinhabern zählt nur selten Führungsqualität zu den stark ausgebildeten Fähigkeiten. Demgegenüber sind die meisten Experten in der praktischen Umsetzung des Laissez-Faire-Prinzips. Warum ist das so? Einerseits erfordert der Lehr- und Ausbildungsbetrieb ein gewisses Maß an Verantwortungsübergabe – ist doch jeder Lehrende darauf bedacht, seine Schützlinge in die Selbstständigkeit zu geleiten. Darüber hinaus finden sich bei den meisten Professoren verschiedenste, auch außeruniversitäre, Projekte, die den Kalender

---

geschick beweisen, um ihre externe Arbeitsstelle und die Promotion in Einklang zu bringen. Und dabei werden sie nur selten mit dem Gefühl eines selbstbestimmten Lebens belohnt.

zusätzlich füllen und gerne für chaotische Zeiten sorgen. Zuletzt zeigt sich auf dem wissenschaftlichen Karriereweg eine systembedingte Selbstselektion an wenig führungstrainierten Persönlichkeiten. Betrachtet man die Anforderungen, die an wissenschaftliche Mitarbeiter gestellt werden, um in die privilegierte Position des Professors und Lehrstuhlinhabers zu gelangen, so stehen Forschungs- und Publikationsexzellenz, erfolgreiche Finanzierungsanträge (sogenannte Drittmittelanträge) und internationale Forschungskooperationen ganz oben auf der Wunschliste. So werden insbesondere diejenigen als Professor und Lehrstuhlinhaber berufen, die sich durch selbstständiges Arbeiten und fokussierte Aufgabenbewältigung auszeichnen konnten. Entsprechend finden sich unter den Professoren häufig die arbeitswütigen, sich selbst managenden Nerds der Wissenschaft mit – zugegeben – häufig überwältigenden Publikationslisten, die dir die Schweißperlen auf die Stirn treiben lassen. Als Konsequenz sieht sich die Mehrheit der Doktoranden einem Promotionsbetreuer gegenüber, der weniger aus dem Bewusstsein einer Führungskraft als aus Sicht eines Wissenschaftlers heraus agiert.

Welcher Handlungsbedarf ergibt sich daraus für den Doktoranden? In meinem konkreten Fall war eine Handlungsweise gefordert, die ich bis dahin weder mochte noch beherrschte: Penetranz! Wie ein Hund, der sein Herrchen zum Stöckchen-Werfen zu bewegen versucht, stand ich Woche für Woche mit Zeitplänen, Studienideen, Forschungsergebnissen und Berichtsentwürfen vor der Tür meines Doktorvaters – immer in der Hoffnung auf 10 Minuten seiner Zeit. Und jedes erfolgreiche Mal verließ ich sein Büro mit wertvollen Kommentaren und Ideen zu den nächsten Schritten – immer mit dem Gefühl ein Leckerli erhalten zu haben. Doch nicht nur bei mir – auch bei anderen Lehrstühlen erkannte ich die Notwendigkeit als Doktorand mit genügend Nachdruck eine strukturierte Promotionsbetreuung einzufordern. Wie dies geschah, war jeweils angepasst an den Alltag und die Persönlichkeit des Doktorvaters. So verhalfen sich meine Kollegen bspw. über konsequente E-Mail-Kommunikation, interne Projektmeetings oder Telefonate zu Reisezeiten des Doktorvaters, um die notwendigen Feedbackschleifen zu ihren Projekten zu erfragen. Dabei war man stets darauf bedacht, den Doktorvater auf charmante, aber auch bestimmte und schnelle Weise in den Projektfortgang mit einzubeziehen. So war vielerorts die Devise: Nutze die Pitch-Technik. Catche deinen Chef in 2 Minuten, dann hast du es geschafft!

Aus dem Interview

„Kein Professor wird in der Tür eines Doktoranden stehen und fragen, kann man dir helfen, kann ich was für dich tun, geht's dir gut – it will not gonna happen!" (Doktorandin im 4. Jahr, Marketing) ◄

Tipps & Tricks für den Promotionsalltag

1. **Strukturiere deinen Alltag. Verhindere es, dich einfach von der Flut mitreißen zu lassen. Du kannst davon ausgehen, dass sie dich nicht dorthin bringen wird, wo es dir gefällt. Entwickle Strategien, um ganz bewusst auf der Welle zu surfen.**
   - Setze dir harte, aber realistische Fristen. Beziehe dabei dein Umfeld und Außenstehende mit ein, um den Druck der Erfüllung zu erhöhen.
   - Koordiniere dich in langen Zeitblöcken wie bspw. Halb-Tages oder Tages-Abschnitten. So reduzierst du „Aufwärm"-Zeiten, die dein Kopf benötigt, um wieder in das zu bearbeitende Themenfeld einzusteigen.
   - Schaffe Transparenz: Verschriftliche und kommuniziere deine Pläne an dein Umfeld.
   - Entwerfe einen Schlachtplan, um das Rattern in deinem Kopf im Zaum zu halten. Schaffe dir idealerweise örtlich und zeitlich Räume für Erholung.
2. **Vergiss nie: Doktorväter sind keine ausgebildeten Führungskräfte**
   - Warte nicht darauf, geführt zu werden. Nimm die Zügel in die Hand und arbeite mit genügend Fingerspitzengefühl, um deinen Doktorvater immer wieder aufs Neue in deine Prozesse einzubeziehen. Bereite dich auf jede Besprechung mit deinem Betreuer vor. Es sollte dir in kürzester Zeit gelingen, den Projektstatus, die nächsten Schritte sowie die relevanten Fragestellungen verständlich an deinen Betreuer zu vermitteln.

Von Champagner-Partys und warum du sie feiern solltest – Die Promotionserfolge

6

Aus dem Interview

„Was man in der Promotion feiern sollte? Hochzeit, Geburt des ersten Kindes – kleiner Scherz." (Doktorand im 3. Jahr, Wirtschaftswissenschaften) ◀

Wie schafft man es, dass einem auch nach mehreren Jahren Promotionszeit nicht die Puste ausgeht? Wenngleich häufig negativ assoziiert, kann das Motto „work hard, play hard" hier ein sehr hilfreicher Ratgeber sein. Von Studienkollegen in Perfektion gebracht, durfte ich die Wirksamkeit einer ausgelassenen Feierei bereits zu Zeiten meines Studiums der Unternehmensberatung kennenlernen. Je länger die Zeit, in der man sich in Arbeit vergraben hatte, umso erfüllender und motivierender war das bewusste Feiern der kleinen Erfolge im Nachhinein! Im Gegenzug endete ein zu langes Rotieren im sich-immer-schneller-drehenden Hamsterrad nicht selten in einem frustrierten, tränenreichen Zusammenbruch. Das Fazit: Ausgelassene Abende sorgen nicht nur für den notwendigen Spaß zwischendurch, sondern helfen dabei, langfristig leistungsfähig zu sein.

Aus dem Interview

„Also ich kann schon sagen, dass wir die Magdeburger Bar-Szene gut kennen. Und ich weiß auf jeden Fall auch, wie meine Kollegen nicht-laufen können." (Doktorand im 3. Jahr, Management Science) ◀

© Der/die Autor(en), exklusiv lizenziert an Springer Fachmedien Wiesbaden GmbH, ein Teil von Springer Nature 2022
V. Sablotny-Wackershauser, *How to get a „Dr." – die ganze Welt der Promotion*, essentials, https://doi.org/10.1007/978-3-658-38391-6_6

Unter Berücksichtigung aller Angaben meiner Interviewpartner zählt das abendliche Essen-und-Trinken-gehen mit dem Freundes- und Kollegenkreis zum beliebtesten Format, um das Doktorandenleben zu feiern. Und mit Unterstützung des Fachbereichs Wirtschaftswissenschaften, war dies unter dem Dach der Otto-von-Guericke Universität Magdeburg sogar mit ganz persönlichem Universitätswein möglich. Nichtdestotrotz finden sich auch Alternativen für diejenigen, bei denen sich die Freude an einem ausgelassenen Abend bereits mit der Vorsehung des nachnächtlichen Katers verliert. Denn wer kennt es nicht – das dunkle Bündnis, das eine hochprozentige Nacht in Freiheit mit einem langwierigen, komatösen Prozess der Reinkarnation in Rechnung stellt. So zählen gemeinschaftliche Wanderausflüge, Sportkurse und Konsolenaktivitäten zu den nächstfavorisierten Belohnungsverfahren der von mir befragten Doktoranden.

Was ist nun genau das Wirkungsvolle an den Auszeiten zwischendurch? Nicht nur für das kurze Aufatmen sind die kleinen Pausen wichtig sondern auch dafür, immer wieder die Arbeit von einer Außenperspektive betrachten und Abstand gewinnen zu können. Denn gerade in der Promotion identifiziert man sich zunehmend mit seinen Aufgaben und beißt sich in ihnen fest. Rückschläge wiegen in dieser Situation besonders schwer. So ist eine Balance zwischen Identifikation und Abstand eine nicht zu unterschätzende Strategie des Selbstschutzes, die die Promotion zugleich sehr viel bunter, geselliger und leichter werden lässt. Eine win–win-win Situation, auf die man keinesfalls verzichten sollte!

Was genau gibt es nun in der Promotion zu feiern? Dies in der doch sehr turbulenten Arbeitszeit auszumachen, ist manchmal gar nicht so einfach. Aus diesem Grund findest du in Tab. 6.1 ein paar Anregungen der von mir befragten Interview-Partner:

Der wesentliche Tipp dieses Kapitels
- **Feiere deine Erfolge – sie bringen dich in so vielerlei Hinsicht weiter!**
  Aber suche dir idealerweise das richtige, studierendenfreie Umfeld dafür.

Tab. 6.1 Gründe für große Feierei

1	**Betreuer- und Themenfindung**
	„Das Festzurren des eigentlichen Themas und der Forschungsfrage – das sollte man auf jeden Fall feiern, das ist ein wichtiger Meilenstein." (Prof. Dr. Sarstedt, Marketing) *„Das Finden des Betreuers habe ich richtig gefeiert. Dadurch war auch meine Beschäftigung gesichert."* (Doktorand im ersten Jahr, Wirtschaftswissenschaften)
2	**Übereinkünfte mit Betreuer, Abgabe der Literaturliste und der ersten Schriften**
	„Gute Meilensteine sind Jahresgespräche mit Betreuern, bei denen man sich Zusicherungen zu den einzelnen Projekten und deren Bestandteil in der Dissertation einholt." (Doktorand im 4. Jahr, Wirtschaftswissenschaften)
3	**Semesterende**
	„Man sollte feiern, sobald man das erste Semester mit Lehrverpflichtung überstanden hat." (Doktorand im 4. Jahr, Accounting)
4	**„Wenn mal etwas funktioniert"**
	„Man sollte auf jeden Fall auch seine kleineren Erfolge feiern. Wenn zum Beispiel das Skript, das die Daten analysiert, zum ersten Mal fehlerfrei durchläuft und die Ergebnisse gut zu interpretieren sind." (Doktorand im 6. Jahr, Finanzierung und Banken) *„Eigentlich sollte man immer feiern, wenn mal etwas klappt – Das klingt irgendwie schon deprimierend ... sagen wir: Wenn mal was Wichtiges klappt. Dann darf man auch mal kurz gute Laune haben – sonst ist eher Galgenhumor angesagt."* (Doktorandin im 2. Jahr, Marketing)
5	**Kolloquien- und Konferenzbeitrag, Verschiedene Schritte im Publikationsprozess**
	„Man sollte das erste Paper bzw. den ersten Vortrag bei einer guten Konferenz feiern. Wenn der erste Schritt getan ist, fallen die weiteren Schritte oft leichter." (Junior-Professor für Konsumentenverhalten) *„Was man feiern sollte? Die erste Konferenzpräsentation, jede Beitragseinreichung, die erste Ablehnung eines Beitrags, jede Annahme eines Beitrags"* (Post-Doc im Bereich Betriebswirtschaftslehre) *„Die erste Veröffentlichung sollte man auf jeden Fall feiern! Das ist ja dann der erste Nachweis, dass es außerhalb des eigenen Instituts Gutachter und Editoren gab, die gesagt haben ‚Jawoll, das kann man auf die Menschheit loslassen'."* (Post-Doc im Bereich Empirische Wirtschaftsforschung)
6	**Abgeschlossenes Drittmittelprojekt**
	„Auch nach abgehaltenen Events im Rahmen von Drittmittelprojekten, die ggf. langer Vorbereitung und Planung bedurften, kann man sich gerne mal was gönnen." (Doktorand im 2. Jahr, Betriebswirtschaftslehre)

(Fortsetzung)

Tab. 6.1 (Fortsetzung)

7	Abgeschlossenes „Single-Author-Paper"
	„Das in Allein-Autorenschaft verfasste Papier kommt einem am Ende total klein vor, daher feiere ich das eher so für mich alleine als mit anderen. Ich würde mir vorkommen, wie: Hey, ich hab' mir meine Schuhe zugebunden – voll geil, oder?" (*Doktorandin im 3. Jahr, Wirtschaftspolitik*)
8	**Disputation: Verteidigung der Doktorarbeit**
	„Ich feiere die Feste wie sie fallen. Und die Disputation dann umso heftiger." (*Prof. Dr. Reichling, Finanzierung und Banken*) *„Ich freue mich über jeden, der seine Doktorarbeit verteidigt. Das zeigt mir jedes Mal wieder: Es geht!"* (*Doktorandin im 4. Jahr, Marketing*)

Von dem, das noch da kommen mag – Die Wege nach der Promotion 7

Sektkorken knallen, hochtrabende Worte der Altehrwürdigen ertönen, film-reife Zeremonien werden unter Tränen – als nun unmissverständliches Zeichen der Freude – abgehalten. Mit erfolgreicher Verteidigung der Doktorarbeit ist der Promotionsabschluss endlich geschafft. Für die meisten ist dies einer der Höhepunkte im Leben, mit Gefühlen, die sich nicht so leicht in Worte fassen lassen. Zeitgleich beendet die Verteidigung bei einer internen Promotionsarbeit aber auch die dienstliche Anstellung des Doktoranden unter dem Dach der Hochschuleinrichtung. So wird meist schon mit Aussicht auf den Verteidigungstermin die Frage laut: Und was kommt dann?

So vielfältig die Wege nach der Promotion auch sind, lassen sie sich doch grundlegend auf die Entscheidung „Wissenschaft, Wirtschaft oder öffentlicher Sektor" zurückführen. Versteht man die Promotion als eine Art Feuertaufe, ist diese Entscheidung für viele Doktoranden spätestens nach Abgabe der Dissertationsschrift klar und eindeutig. Denn während die einen im Zuge der Promotion ihr Herz gänzlich an die Forschung verlieren, sehnen sich wiederum andere zunehmend danach, endlich mit gesundem Pragmatismus die 100stel des Wissens anzuwenden ohne weiter hinab in die 1000stel und 10.000stel tauchen zu müssen. Doch nicht nur die eigenen Präferenzen spielen eine Rolle bei der Frage nach dem weiteren beruflichen Weg. So bietet die Wissenschaft im Hochschulumfeld hauptsächlich denjenigen Promotionsabsolventen glanzvolle Berufsaussichten, die bereits Forschungserfolge in Form von Publikationen oder hochwertigen, publikationsfähigen Forschungsarbeiten verzeichnen konnten. Denn mit jedem weiteren Karriereschritt in der Wissenschaft wird die Anzahl zu besetzender Stellen geringer, die Anforderungen größer und der Wettbewerb intensiver. Nichtsdestotrotz hängen Forschungsfreude und Forschungserfolg nicht selten direkt zusammen – So scheint es nie falsch, das zu tun, das man

V. Sablotny-Wackershauser, *How to get a „Dr." – die ganze Welt der Promotion*, essentials, https://doi.org/10.1007/978-3-658-38391-6_7

liebt. Insgesamt arbeiten nach Angaben des Bundesberichts Wissenschaftlicher Nachwuchs (2021) zehn Jahre nach Promotionsabschluss noch ca. 22 % der Promovierten an Hochschuleinrichtungen oder außeruniversitären Forschungseinrichtungen.

Aus dem Interview

- *„Was meine Pläne nach der Promotion sind? Akademische Laufbahn und/ oder Auswandern" (Doktorandin im 2. Jahr, Betriebswirtschaftslehre)*
- *„Ich werde meine erste (jetzt kaputte) Jogginghose einrahmen lassen!" (Doktorandin im 4. Jahr, Kulturwissenschaften)* ◄

Wer den wissenschaftlichen Weg an einer Hochschuleinrichtung weiterverfolgen möchte, kann zwischen dem Ziel der Fachhochschulprofessur und der Universitätsprofessur wählen. Im Gegensatz zur klassischen Universitätslaufbahn fordert die Fachhochschulprofessur verstärkt die Kombination aus wirtschaftlichem und wissenschaftlichem Knowhow. So müssen Anwärter für Fachhochschulprofessuren neben der erfolgreich abgeschlossenen Promotion zugleich mehrjährige Berufserfahrung außerhalb der Wissenschaft nachweisen, während Universitätslaufbahnen meist über universitätsinterne Postdoc- und Junior Professoren-Stellen stattfinden. Darüber hinaus streben Fachhochschulen verstärkt Kooperationsprojekte mit Industriepartnern an und fördern somit langfristig das Zusammenspiel von Wissenschaft und Wirtschaft. Entsprechend ermöglichen die Fachhochschulen auch nach mehrjähriger Tätigkeit in der Wirtschaft die Rückkehr in den Lehr- und Wissenschaftsbetrieb. Tab. 7.1 verdeutlicht die Unterschiede der beiden Wissenschaftswege im Detail.

Neben der stark forschungsorientierten Universitätsprofessur bietet die Fachhochschulprofessur also all denjenigen eine Zukunftsperspektive, die wirtschaftliches und wissenschaftliches Arbeiten langfristig verbinden möchten. Darüber hinaus finden sich in Ministerien und Instituten des öffentlichen Sektors weitere Stellen, die es Promotionsabsolventen ermöglichen, ihre Liebe zur Forschung mit der Verantwortung und der Sicherheit einer außeruniversitären Arbeitsstelle zu verknüpfen.

Welche Möglichkeiten bestehen nun aber für all diejenigen, die mit respektvollem Abstand ihrem Promotionsbetreuer dankend um den Hals fallen – wohlwissend, dass sie die Lebensphase der aufgetürmten Bücher, Analyseskripte und dreckigen Kaffeebecher zugunsten einer Wirtschaftsstelle für immer verlassen werden? Um diese Frage zu beantworten, sollte sich jeder Promotionsabsolvent bewusst machen, was ihm die Promotionszeit an Erfahrungen und persönlicher

Tab. 7.1 Unterschiede zwischen Fachhochschulprofessur und Universitätsprofessur

	Fachhochschul (FH)-Professur	Universitäts-Professur
Schwerpunkte	Theorie, Praxis & Forschung	Theorie & Forschung
Besonderheiten	• Beinhalten ein hohes Maß an Lehrverpflichtung. So spielt die pädagogische Eignung eine zentrale Rolle • Kooperationsprojekte zwischen Wirtschaft und Wissenschaft als zentraler Fokus vieler FHs • Geringerer Verdienst als bei Universitätsprofessuren	• Forschungserfolg als einer der zentralen Erfolgskriterien • Meist schwächere Verbindung zwischen Wirtschaft und Wissenschaft im Vergleich zu FHs • Höherer Verdienst als bei FH-Professuren
Voraussetzungen neben der Promotion	• Mind. 3 Jahre Berufserfahrung außerhalb der Hochschule • In Summe mind. 5 Jahre Berufserfahrung; Erfahrung in der Tätigkeit als Fachhochschul-Dozent von Vorteil	• Keine Berufserfahrung außerhalb des Hochschulsektors notwendig • **Post-Doc/Habilitation***: Arbeiten max. 6 Jahre als Wissenschaftliche Mitarbeiter oder Akademische Räte an Forschungsprojekten – befristet, verbeamtet oder angestellt – und verfassen eine Habilitationsschrift. Hinweis: Post-Doc-Stellen gibt es auch in der Industrie • **Junior- oder Tenure-Track Professur***: Können unabhängig forschen und haben in max. 6 Jahren spezifische Forschungserfolge und/oder Erfolge im Einwerben von Drittmitteln zu verzeichnen. Das Verfassen einer Habilitationsschrift ist nicht notwendig. Der Zusatz „Tenure-Track" beinhaltet die generelle Zusage, nach erfolgreich absolvierter Bewährungszeit, eine Professur auf Lebenszeit zu erhalten – ohne weitere Ausschreibung oder Berufungsverfahren
Bewerbungssituation	Steigender Wettbewerb in der Bewerbung um eine Professorenstelle, insgesamt jedoch bessere Aussichten als bei Universitäts-Professuren	Derzeit sehr hoher Wettbewerb in der Bewerbung um eine Professorenstelle, häufig Alternativen im Ausland zu berücksichtigen

Grundvoraussetzung: Promotionsabschluss mit „Summa Cum Laude",„Magna Cum Laude"

Entwicklung gebracht hat. Und natürlich auch, inwieweit zukünftige Arbeitgeber davon profitieren können. Nur so gelingt es, die richtigen Auffanglager der Wirtschaft zu identifizieren und Bewerbungen vielmehr zielgerichtet als wahllos-wild im Bewerbermarkt zu streuen.

Aus dem Interview

- *„Ich kenne eine sehr gute Anwaltskanzlei, die meint, dass sie vor allem gerne Promovenden einstellt, weil sie Leute braucht, die auf hohem Niveau und wasserdicht argumentieren können." (Prof. Dr. Eichfelder, Betriebswirtschaftliche Steuerlehre)*
- *„Was Promotionsabsolventen nach erfolgreichem Abschluss mitbringen? Bestenfalls: Sie können ausgezeichnet forschen, über Forschung berichten und mit Forschern umgehen. Schlimmstenfalls: Sie können mit Forschern umgehen." (Prof. Dr. Abdolkarim Sadrieh, E-Business)* ◄

Abhängig von Fachbereich, Themengebiet und Berufsvorstellung kann der Einstieg in die Wirtschaft nach Abschluss der Promotion Schwierigkeiten bereiten. Ungeachtet dessen liegt bei vielen Promotionsabsolventen das Problem des Wirtschaftseinstiegs weniger im Arbeitsmarkt als vielmehr in der Arbeitssuche. Auch ich habe bei meiner Suche bspw. mit Trainee-Programmen geliebäugelt, deren Stellenanforderungen augenscheinlich perfekt mit meinem Profil übereinstimmten. Nichtsdestotrotz war die Tatsache, dass ich mit meinen 30 Jahren das Bild eines Vorruheständlers im neuen Trainee-Jahrgang abgeben würde, ein unüberwindbares Hindernis für den Bewerbungsprozess. Ebenso musste ich im Rahmen meiner Bewerbungsphase schmerzlich die weitreichenden Interpretationsmöglichkeiten der „Geschäftsführungsassistenz" kennenlernen, die sich von Sekretariatspositionen ohne spezifische Ausbildungsanforderung bis hin zu Projektleitungsstellen mit gewünschtem Promotionshintergrund erstreckten – wobei letzteres etwa 1 % der Assistenzstellen ausmachte.

Was erscheint nun als guter Ratschlag für die Bewerbungsphase in der Wirtschaft – ungeachtet der vielfältigen Besonderheiten des Arbeitsmarktes? Insgesamt ist es bei der Arbeitssuche jedem Promotionsabsolventen anzuraten, nach Stellen Ausschau zu halten, in denen der Doktortitel oder die Dissertationsinhalte für den Arbeitgeber und das entsprechende Arbeitsumfeld wertvoll – wenn nicht sogar Prestige-trächtig – sind. Je nach Typ und fachlicher Expertise finden sich Potenziale in fachspezifischen Expertenlaufbahnen oder Managementnahen Funktionen, die ein hohes Maß an Argumentationsgeschick sowie analytischer und lateraler Denkweise erfordern. So landeten bspw. viele meiner Kollegen nach

Abschluss ihrer Promotion in einem beratenden Dienstleistungsunternehmen, einem Marktforschungsinstitut, einer vorstandsnahen Projektleitungsposition oder einer unternehmensinternen Abteilung mit Schwerpunkt Datenanalyse, Forschung und Entwicklung. Andere wiederum fanden ihren Weg in die Selbstständigkeit.

Trotz möglicher anfänglicher Schwierigkeiten im Berufseinstieg gibt der Bundesbericht Wissenschaftlicher Nachwuchs 2021 weiterhin allen Grund für Zuversicht. So liegt die Arbeitslosenquote bei Promovierten nahezu kontinuierlich bei unter 2 %. Darüber hinaus üben 80 % der Promovierten eine volladäquate Beschäftigung aus (vgl. mit 66 % der Nichtpromovierten)[1]. Zuletzt verweisen Statistiken darauf, dass 10 Jahre nach dem ersten berufsqualifizierenden Abschluss 30-50 % der Promovierten eine Führungsposition innehaben (vgl. mit 20–25 % bei Nichtpromovierten). Und für all diejenigen, die trotz alledem noch zweifeln, ein kleiner persönlicher Mutmacher: So fand selbst ich – eine 30-jährige, verheiratete Frau ohne Kinder und ohne spruchreife Berufserfahrung, alias der Gollum aus Sicht der Arbeitgeber – meinen Traumjob als Projektleitung in einem neugegründeten Gesundheitsunternehmen. Und auch wenn die Jobsuche einige Monate in Anspruch nahm, so war ich überaus glücklich nach Verteidigung meiner Doktorarbeit in ein Wirtschaftsunternehmen zu wechseln, das wissenschaftliche Forschung als Wegbereiter für all seine Entwicklungen verstand. Was mir bei meiner Suche nach der Nadel im Heuhaufen half? Biss, Durchhaltevermögen und das Vertrauen darüber, dass alles gut wird – eben das, was die Promotion mich lehrte.

Tipps & Tricks für die Zeit danach
1. **Recherchiere (erneut) deine Möglichkeiten, die dir mit Abschluss der Promotion zur Verfügung stehen, beachte dabei die Besonderheiten deines Profils – auch Alter und Lebenssituation.**
2. **Für deinen Weg innerhalb der Wissenschaft: Mache dir klar, welche Voraussetzungen du für eine zukünftige Professur zu erfüllen hast und welche Alternativen zur Professur dir zur Verfügung stehen. Entscheide dich bewusst für die wissenschaftliche Laufbahn und nicht aus einer falschen Gewohnheit heraus.**

---

[1] „Eine volladäquate Beschäftigung liegt vor, wenn sowohl die persönlichen Kompetenzen zu den geforderten Kompetenzen der Tätigkeit passen als auch das formale Ausbildungsniveau den Ausbildungsanforderungen entspricht." (Bundesbericht Wissenschaftlicher Nachwuchs, 2021, S. 16).

Mit jeder Karrierestufe herrscht in der Wissenschaft ein höherer Wettbewerb um Stellen. Zugleich sind viele Stellen befristet. Entsprechend ist der wissenschaftliche Weg mit einigen Risiken verbunden. Entscheide dich daher ganz aktiv für die Wissenschaft – idealerweise weil du der Überzeugung bist, die relevanten Voraussetzungen für die weiteren Karriereschritte erfüllen zu können. Bleibe nicht einfach nur im Wissenschaftssystem, weil du dich nicht über deine Alternativen informiert hast oder das Bleiben weniger Aufwand erfordert als das Wechseln. Je älter du im Wissenschaftssystem wirst, desto schwieriger der Wechsel in die Wirtschaft.

3. **Für deinen Weg außerhalb der Wissenschaft: Mache dir klar, was du durch die Promotion gelernt hast und welchen Nutzen dir diese Erfahrungen außerhalb der Wissenschaft bringen.**
   Was zeichnet dich als Promotionsabsolvent aus und inwiefern können andere davon profitieren? Im Bereich der Wirtschaftswissenschaften liegen die Hauptargumente häufig weniger in dem Themenfeld, mit dem du dich fachlich auseinandergesetzt hast und vielmehr in deinen persönlichen Fähigkeiten und Erfahrungen.

Was Sie aus diesem *essential* mitnehmen können

- Verständnis eines Themas, das durch Unverständnis geprägt ist
- Tipps und Tricks als Erste-Hilfe-Kit für die Promotion
- Das Bewusstsein, dass Doktoranden auch nur Menschen sind
- Die richtige Motivation und Einstellung für die Promotion

© Der/die Herausgeber bzw. der/die Autor(en), exklusiv lizenziert an Springer Fachmedien Wiesbaden GmbH, ein Teil von Springer Nature 2022
V. Sablotny-Wackershauser, *How to get a „Dr."* – *die ganze Welt der Promotion,* essentials, https://doi.org/10.1007/978-3-658-38391-6

Schlusswort

Liebe/r Leser/in,

Ich freue mich wirklich sehr, dass mit dir ein Leser bis zum Ende meines erstgeschriebenen Buches durchgehalten hat, ohne dieses auf halbem Wege schreiend in die hinterste Zimmerecke katapultiert zu haben. Gratulation an deinen Biss und dein Durchhaltevermögen! Hey, schonmal über eine Promotion nachgedacht? ;) Als Thriller-liebender Mensch bin ich davon überzeugt, dass du mit Abschluss dieses Buches kein Nachbeben in Form von Albträumen, Angstausbrüchen oder Panikattacken zu erwarten hast. Ungeachtet dessen, stehe ich dir gerne für Fragen und Anmerkungen jeglicher Art zur Verfügung. Richte diese gerne per E-Mail an v.wackershauser@gmail.com. Da ich meine E-Mails noch in eigener Person beantworte, hoffe ich allerdings auf deine Geduld im Hinblick auf die etwas verlängerten Antwortzeiten. Zuletzt bleibt mir nun, mich in aller Form für das Vertrauen zu bedanken, das du mir als Autorin entgegengebracht hast – natürlich in der großen Hoffnung ihm gerecht geworden zu sein! Ich wünsche dir auf deinem weiteren Weg den Mut und die Kraft, deine Träume zu leben und die Fähigkeit, auch ehrgeizige Ziele mit Leichtigkeit und Freude zu verfolgen – ob mit oder ohne zwei Buchstaben vor dem Namen.

Alles Liebe und auf hoffentlich bald,

deine Dr. Verena mit dem unaussprechlichen Nachnamen der Hölle.

Printed in the United States
by Baker & Taylor Publisher Services